新 疆 真 相

——揭穿美西方涉疆谎言与诋毁

新疆维吾尔自治区涉疆问题新闻发布会实录

（第八辑）

新疆维吾尔自治区人民政府外事办公室　编

五洲传播出版社

图书在版编目（CIP）数据

新疆真相：揭穿美西方涉疆谎言与诋毁：新疆维吾尔自治区涉疆问题新闻发布会实录.第八辑 / 新疆维吾尔自治区人民政府外事办公室编 . —— 北京：五洲传播出版社，2024.4
ISBN 978-7-5085-5225-5

Ⅰ . ①新… Ⅱ . ①新… Ⅲ . ①民族问题—新闻公告—新疆 Ⅳ . ① D633.1

中国国家版本馆 CIP 数据核字（2024）第 090057 号

新疆真相——揭穿美西方涉疆谎言与诋毁

新疆维吾尔自治区涉疆问题新闻发布会实录（第八辑）

编　　者：新疆维吾尔自治区人民政府外事办公室

出 版 人：关　宏

责任编辑：宋博雅

设计制作：李　鲲

出版发行：五洲传播出版社

地　　址：北京市北三环中路 31 号生产力大楼 B 座 6 层

邮　　编：100088

发行电话：010-82005927，010-82007837

网　　址：http://www.cicc.org.cn　　http://www.thatsbooks.com

印　　刷：北京圣彩虹科技有限公司

版　　次：2024 年 7 月第 1 版第 1 次印刷

开　　本：185 毫米 × 260 毫米

印　　张：12.5

字　　数：236 千字

定　　价：78.00 元

目录

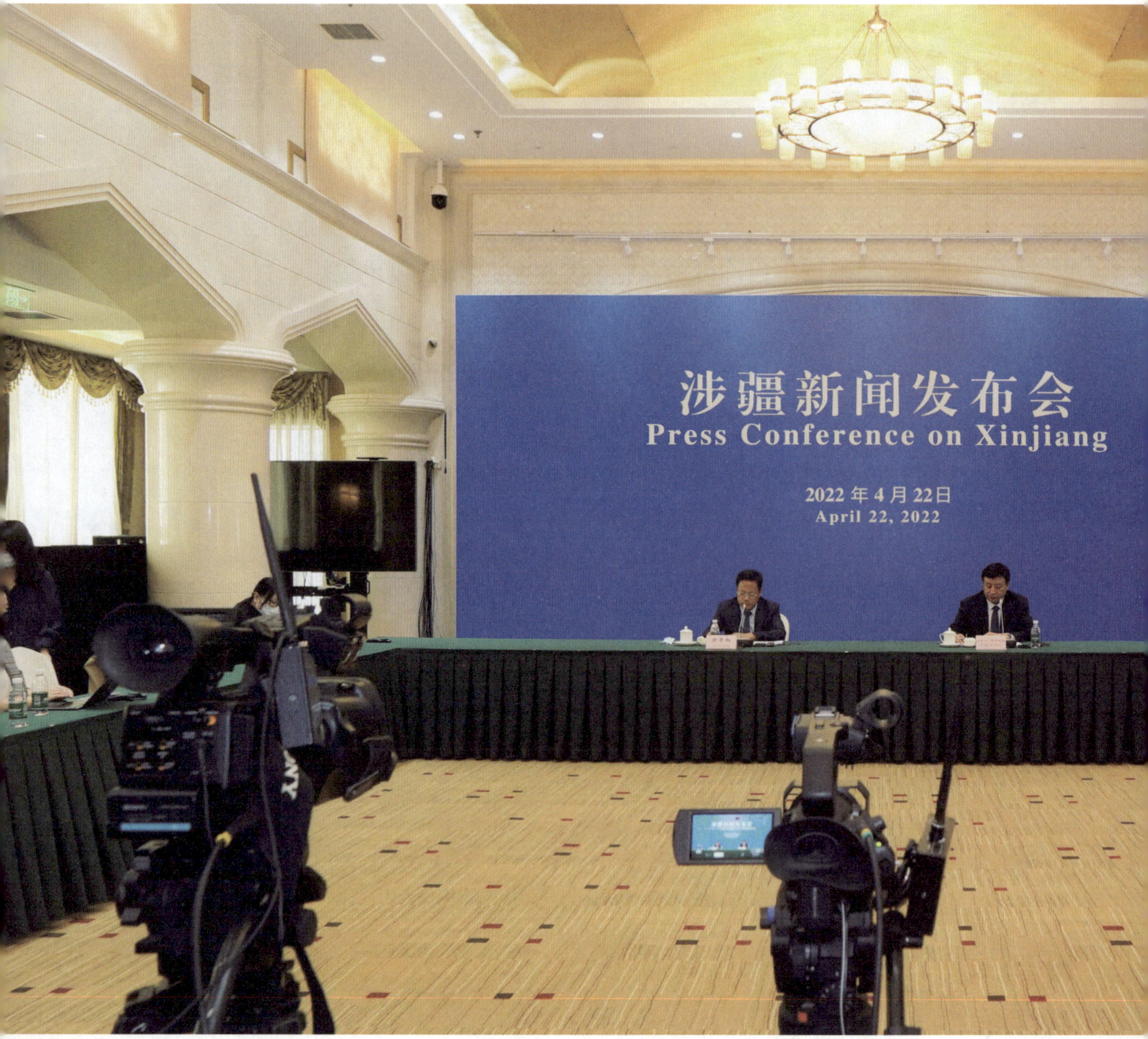
涉疆新闻发布会
Press Conference on Xinjiang
2022 年 4 月 22 日
April 22, 2022

徐贵相

22, 2022

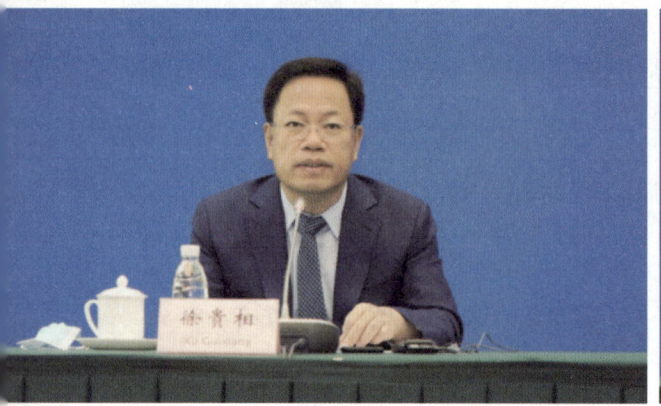

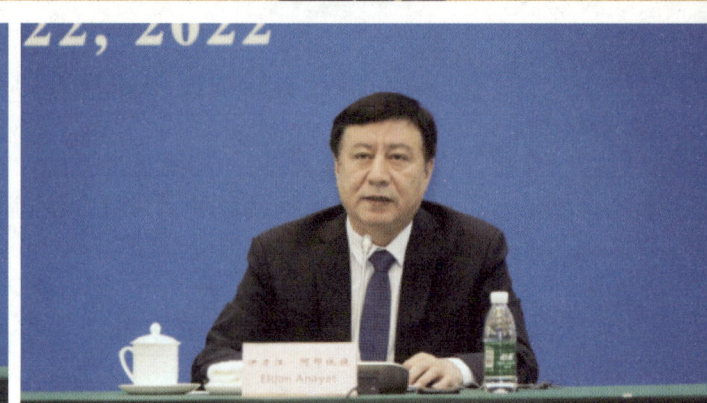

新疆维吾尔自治区第 72 场涉疆问题新闻发布会实录

2022 年 4 月 22 日，新疆维吾尔自治区举行涉疆问题新闻发布会。

徐贵相：

各位记者朋友，大家好！欢迎出席新疆维吾尔自治区涉疆问题新闻发布会。我是新疆维吾尔自治区人民政府新闻发言人徐贵相，这位是新疆维吾尔自治区人民政府新闻发言人伊力江·阿那依提先生。同时，还有8

位来自新疆的专家学者、企业负责人、员工代表等通过视频连线方式参加发布会。他们分别是：新疆维吾尔自治区人大常委会法制工作委员会主任李娟、新疆维吾尔自治区劳动保障监察总队总队长陈强、新疆维吾尔自治区劳动人事争议仲裁院副院长江洁、新疆维吾尔自治区总工会副主席伊力都斯·木拉提、新疆社会科学院法学研究所研究员陈琪、新疆天蕴有机农业有限公司董事长张秀、乌鲁木齐一家石油公司员工卡依沙尔·买买提，以及新疆沙雅县棉农艾麦提·艾散。

"五一"国际劳动节即将来临，这是全世界劳动人民共同的节日。为了争取自身的合法权益，坚决抵制强迫劳动，世界各国工人进行了长期的艰苦卓绝的斗争。当前，实现体面劳动已成为人类社会的普遍共识和愿景，包括中国在内的许多国家都采取了一系列切实有效的措施，使广大劳动者充分享有各项劳动权益，获得全面发展。

新疆积极践行国际社会体面劳动理念，遵循国际劳工组织有关公约和倡议精神，严格执行国家法律政策规定，着力保障各族劳动者在自由条件下进行工作，使之真正享有自主自愿选择职业的权利；着力保障各族劳动者在平等条件下进行工作，努力消除各种壁垒，使各族群众不因民族、地域、性别、宗教信仰不同而受歧视，从而获得平等就业机会，实现共同发展进步；着力保障各族劳动者在安全条件下进行工作，改善劳动就业环境，督促用工单位严格执行国家劳动安全卫生保护标准，改善工作场所条件；着力保障各族劳动者在有尊严的条件下进行工作，注重人文关怀，构筑精神家园，培育健康向上的企业文化，使各族劳动者工作得舒心顺心安心。当前，新疆各族群众在阳光下体面劳动，他们的每一滴汗水、每一份付出都受到尊重、体现价值、得到回报。

徐贵相：

下面，请新疆维吾尔自治区人大常委会法制工作委员会主任李娟介绍有关情况。

李娟：

　　新疆历来十分重视保护各族劳动者的合法权益，广大劳动者参与企业民主管理权、平等就业权、自主选择职业权、取得劳动报酬权、休息休假权、获得劳动安全保护权、参加就业培训权、享受社保和福利权以及提请劳动争议处理等合法权益得到了充分保障。

　　一是依法保障劳动者民主决策、民主管理、民主监督等政治权利。新疆维吾尔自治区人大常委会审议通过了《新疆维吾尔自治区个体私营经济条例》《新疆维吾尔自治区乡镇企业条例》《新疆维吾尔自治区实施〈中华人民共和国工会法〉办法》《新疆维吾尔自治区非公有制企业工会条例》《新疆维吾尔自治区职工代表大会条例》等法律法规和规范性文件，确保劳动者政治权利充分实现。

　　二是依法保障劳动者平等就业的权利。新疆通过《中华人民共和国宪法》《中华人民共和国劳动法》《中华人民共和国就业促进法》《新疆维吾尔自治区实施〈妇女权益保障法〉办法》《新疆维吾尔自治区实施〈就业促进法〉办法》《新疆维吾尔自治区实施〈残疾人保障法〉办法》等法律法规，保障了各族群众依法享有平等就业权利。

　　三是依法保障劳动者享有自主选择职业的权利。劳动者有权根据自身条件和需求选择职业。《新疆维吾尔自治区职工劳动权益保障条例》第三条规定："职工不分性别、民族、宗教信仰，依法享有平等就业和自主择业的权利"。新疆各级政府始终把尊重劳动者意愿作为制定就业政策、拓宽就业渠道、开发就业岗位、开展就业培训、提供就业服务的重要依据，确保广大劳动者能够自主自愿、心情舒畅地生产生活。

　　四是依法保障劳动者享有取得劳动报酬、享受社会保险和福利待遇的权利。中国法律和新疆地方性法规都规定，公民依法取得劳动报酬，依法享有劳动保险及福利待遇，实行最低工资保障制度，保护劳动者的合法权益。《新疆维吾尔自治区劳动安全暂行条例》《新疆维吾尔自治区集体合同条例》《新疆维吾尔自治区职工劳动权益保障条例》都对劳动者依法取得劳动报酬作了规定。有关部门还制定了企业职工工资集体协商法规，为依法维护企业职工切身利益提供了法治保障。

　　五是依法保障劳动者享有休息休假的权利。《新疆维吾尔自治区职工劳动权益保障条例》第三条规定，职工不分性别、民族、宗教信仰，依法享有休息休假的权利；第十八条规定，用人单位应当保证职工享有国家和自治区规定的节日和周休息日，年休假、婚丧假、计划生育假等带薪假期，以及劳动合同、集体合同约定的其他假期。

六是依法保障劳动者接受职业教育和就业技能培训的权利。《中华人民共和国教育法》《中华人民共和国劳动法》《中华人民共和国职业教育法》对于保障公民接受职业教育和就业技能培训都有详细规定。新疆维吾尔自治区有关部门认真落实有关规定，将城乡全体劳动者纳入职业技能培训对象范围，确保他们在学习工作各阶段都有接受相应技能培训的机会。

七是依法防范打击强迫劳动行为。新疆根据《中华人民共和国刑法》《中华人民共和国劳动法》《中华人民共和国劳动合同法》《中华人民共和国治安管理处罚法》有关规定，严厉禁止以暴力、威胁或者非法限制人身自由的手段强迫劳动，以及侮辱、体罚、殴打、非法搜查和拘禁劳动者等行为，对违法行为依法予以行政处罚，构成犯罪的，依法追究刑事责任。新疆严格遵守国家有关法律法规，大力推进法治宣传教育，不断增强用人单位和劳动者的法律意识，深入开展常态化劳动执法检查，切实把劳动关系的建立、运行、监督、调处的全过程纳入法治化轨道，坚决防范和打击一切强迫劳动行为。

总的来看，新疆各级政府切实履行劳动就业保障责任，落实一系列就业相关法律法规和政策要求，促进了各族群众充分就业。新疆劳动就业保障政策及实践完全符合国际劳工和人权标准，是国际劳工组织相关倡议精神在中国民族地区的成功实践。

徐贵相：

下面，请新疆维吾尔自治区劳动保障监察总队总队长陈强介绍新疆各级劳动保障监察机构履行职责的情况。

陈强：

新疆劳动保障监察机构的主要职责是依法对用人单位、劳动者以及其他社会组织遵守劳动保障法律法规情况进行监察检查，依法保障各族劳动者合法权益。通俗一点的说法：我们就是劳动者权益保护的"监督员""执法官"。

一是依法依规进行处罚。对违反劳动法规的单位、企业，我们可以根据现行劳动法律、法规、规章的规定，分别给予警告、通报批评、吊销许可证、责令停产整顿的处罚；对触犯其他行政法规的，可以建议有关行政机关给予行政处罚；对触犯刑律的，可以建议执法机关追究刑事责任。

二是主动监察用人单位。我们依照中华人民共和国国务院制定发布的《劳动保障监察条例》履行职责，对用人单位订立劳动合同、支付劳动报酬、做好劳动保护等情况进行执法检查，及时处置一些侵害劳动者权益的行为，有效保障劳动者在职业介绍、劳动合同、工作时间、休息休假、工资支付、社会保险、特殊劳动保护等方面的合法权益。比如，相关规定明确用人单位因生产经营需要延长工作时间，必须依法与工会和劳动者协商，并安排补休或支付相应报酬。我们在日常巡视检查中，格外注意劳动者的双休日、法定节假日加班，以及加班工资发放问题，确保劳动者合法权益不受侵犯。

三是及时处理劳动者举报、投诉。当劳动者遇到拖欠工资等情况时，可以通过各级劳动保障监察机构受理窗口、举报投诉电话、12333 服务热线、网络平台等维权渠道进行举报、投诉。各级劳动保障监察机构将根据反映的情况及时进行调查核实，依法处理处罚违法违规行为。我们积极推进有关单位健全工资支付保障制度，依法惩处拒不支付劳动报酬等违法犯罪行为，保障劳动者按时足额获得工资报酬。

徐贵相：

下面，我们请新疆维吾尔自治区劳动人事争议仲裁院副院长江洁谈谈他们的工作情况。

江洁：

劳动人事争议仲裁院是各级人民政府依法设立的劳动人事争议仲裁委员会的实体化办事机构，主要职责是根据国家及省、自治区、直辖市有关规定，处理本行政区域内用人单位和劳动者之间发生的劳动人事争议。截至目前，新疆各级人民政府共设立劳动人事争议仲裁院 110 个，其中自治区设立 1 个，地（州、市）设立 13 个，县（市、区）设立 96 个。全疆共有仲裁员 390 人，其中专职仲裁员 319 人，兼职仲裁员 71 人。

在这里，我想解答三个问题。一是我们管哪些事。近年来，新疆各级仲裁院依据劳动法、劳动合同法、劳动争议调解仲裁法等法律法规，对涉及劳动者的劳动报酬权、休息休假权、劳动卫生保护权、获得社会保险福利权等方面的争议进行调解仲裁，畅通争议诉求仲裁申请渠道。各级仲裁院不断加强调解仲裁能力建设，实行"五制"，即首问负责制、全程代理制、一次性告知制、限时办结制、责任追究制；"四公开"，即程序公开、依据公开、时限公开、结果公开。工作人员在接收材料、开庭、送达等过程中做到亮身份、亮承诺、亮职责，进一步统一了行为规范，调解和仲裁的社会公信力明显增强。

二是我们怎么管事。新疆已启用"互联网＋调解"服务平台，搭建自治区、地（州、市）、县（市、区）、乡镇（街道）4级在线服务平台网络，劳动者可以在线上申请仲裁。新疆制定了《加强劳动人事争议调解仲裁完善多元处理机制的实施意见》，完善专业性多元化解劳动人事争议调解机制，规范调解组织工作职责、工作程序和调解员行为等。2020年，为加强调解仲裁法律援助，新疆还制定了加强劳动人事争议调解仲裁法律援助工作的相关政策。截至2021年底，全区共设立调解仲裁法律援助工作站109个，覆盖率达到99.1%。

三是效果怎么样。截至2021年底，新疆各级调解仲裁机构的仲裁结案率为97.2%。比如，来自和田地区洛浦县的几位务工者，在新疆某工程建设有限公司就业时，因工资支付发生争议，申请劳动争议仲裁，经仲裁委员会依法裁决，及时拿到了工资，合法权益得到了保障。

徐贵相：

下面，请新疆维吾尔自治区总工会副主席伊力都斯·木拉提谈谈自治区工会组织履行职责的情况。

伊力都斯·木拉提：

2022年1月1日起施行的《中华人民共和国工会法》明确指出，维护职工合法权益是工会的基本职责。工会通过平等协商和集体合同制度，协调劳动关系，维护企业职工劳动权益。工会帮助、指导职工与企业及实行企业化管理的事业单位签订劳动合同，代表职工签订集体合同。企业违反集体合同，侵犯职工劳动权益的，工会可以依法要求企业承担责任；因履行集体合同发生争议，经协商解决不成的，工会可以向劳动争议仲裁机构提请仲裁，仲裁机构不予受理或对仲裁裁决不服的，可以向人民法院提起诉讼。

自治区总工会常态化组织各级工会干部深入企业，重点围绕劳动合同签订、工资集体协商、劳动报酬发放、法定节假日落实、劳动时间执行和女职工特殊权益保护等情况进行检查。检查中，我们发现新疆规模以上企业均合法注册，依法依规生产经营，忠实履行社会责任，恪守商业行为准则，依法保障企业员工的获得劳动报酬权、休息休假权、劳动安全卫生保护权、获得社会保险福利权等权利。调查数据显示，新疆纺织企业员工月平均工资为3500元左右，远高于新疆最低工资标准，很多员工家庭摆脱了贫困，日子越过越好。

我们在全区设定了30个企业劳动关系数据监测点，专人负责劳动关系适时监测；积极推动企业建立完善年度安全生产工作和重大隐患治理向职代会报告制度，不断扩大劳动安全卫生专项集体合同覆盖范围，常态化开展高温极寒天气作业等劳动保护和职业病防治，确保员工健康安全。

我们还积极探索构建多元纠纷解决工作体系，形成了遍布乡、镇、村的诉前调解衔接网络。比如，塔城地区乌苏市的"绿桥"社会工作服务社，为那些暂时有经济困难，但愿意主动履行责任，且有偿还能力的被执行人提供无息资金，为他们垫付执行款，解决了案件申请执行人和被执行人两方的困难。借助社会化公益志愿运作模式化解矛盾纠纷，兼顾了劳动争议案件执行的法律效果与社会效果，从源头化解了矛盾纠纷，使法律文书更有温度。

徐贵相：

下面，请新疆社会科学院法学研究所研究员陈琪谈谈新疆各族劳动者基本权益得到全方位保障的情况。

陈琪：

我从事劳动权益保护研究多年。我发现在法律制度层面，新疆各族劳动者依法享有广泛的劳动权利，如平等就业权、签订劳动合同权、劳动报酬权、休息休假权、劳动安全卫生保护权、职业培训权、获得社会保险福利权、提请劳动争议处理权。他们还享有参加和组织工会的权利，民主管理的权利，参加劳动竞赛的权利，提出合理化建议的权利，从事科学研究、技术革新、发明创造的权利，依法解除劳动合同的权利，对用人单位管理人员违章指挥、强令冒险作业拒绝执行的权利，对危害生命安全和身体健康的行为提出批评、检举和控告的权利，对违反劳动法的行为进行监督的权利等。

在实际落实层面，新疆各族劳动者基本权益得到了全方位保护。

一是新疆各族劳动者平等就业权依法得到保障。新疆全面推进《中华人民共和国就业促进法》等相关法律法规落地见效，及时健全完善各项促进就业政策，切实保障劳动者平等就业权利。新疆认真贯彻宪法和劳动法等规定，确保劳动者不因民族、地域、性别、宗教信仰不同而受歧视，也不因城乡、行业、身份等而受限制。新疆还根据国家有关法律规定，制定实施扶持妇女自主创业政策，确保妇女享有与男子平等的劳动权利。

二是新疆各族劳动者获得报酬权依法得到保障。为切实保障劳动者获得报酬权利，新疆出台了《新疆维吾尔自治区企业工资集体协商条例》等地方性法规，建立健全最低工资标准调整机制。2014年至2019年，新疆每年制定并发布企业工资指导线。最低工资标准2013年至2018年增长19.74%，最低工资标准在全国处于较高水平。

三是新疆各族劳动者休假权依法得到保障。按照相关法律规定，新疆依法落实女职工产假，依法保障女职工怀孕、生育、哺乳期间的工资待遇。2022年1月，新疆出台了《新疆维吾尔自治区妇女发展规划（2021—2025年）》，把保障妇女获得公平劳动报酬、保障女性劳动者劳动安全和健康作为主要目标之一。新疆严格贯彻落实国家有关规定，实行劳动者每日工作8个小时、每周工作40个小时的工时制度，依法保障各族劳动者享有春节、肉孜节、古尔邦节等法定节假日和休息日的休息权利。

四是新疆各族劳动者参加社会保险的权利得到切实保障。新疆各级劳动保障监察机构严格规范监察执法，及时受理对违反劳动保障法律法规行为的举报、投诉，依法纠正和查处用人单位不参加社会保险、不缴纳社会保险费的违法行为；全面实施全民参保计划，积极推动和引导中小微企业职工和进城务工人员、灵活就业人员、新业态就业人员等重点群体参加社会保险，努力实现应保尽保。

五是新疆各族劳动者劳动法律关系得到有效维护。新疆全面落实《中华人民共和国民法典》，推行劳动合同制度，切实完善劳动者权益保障和救济机制；健全政府、工会和企业组织代表协商劳动关系三方机制，研究解决劳动关系领域重大问题，积极构建和谐劳动关系。

徐贵相：

下面，请新疆天蕴有机农业有限公司董事长张秀介绍企业相关情况。

张秀：

新疆天蕴公司位于伊犁哈萨克自治州尼勒克县，主要业务是高品质三文鱼的生态绿色养殖、加工、储运、保鲜与综合利用。公司现有员工260人，是一个由汉族、维吾尔族、哈萨克族、回族等多个民族员工共同组成的大家庭。自2014年2月成立以来，公司已帮助周边100余户牧民放下羊鞭，转型为新型渔民。

公司每年组织开展"宪法进企业"主题宣传、"法制宣传教育月"等普法活动，引导员工学法、遵法、懂法、用法。公司工会作用发挥明显，已建立了工会宏观参与机制和职工民主管理机制。通过职工代表大会，员工充分参与到企业民主决策、民主管理和民主监督中来，督促公司处理好劳动报酬发放、休息休假权利保障等事项。

公司坚持8个小时工作制。在鱼获丰收的时候，公司业务量比较大，需要延长工作时间，公司会先跟工会和劳动者协商，之后安排倒班补休，并支付加班工资。对一些长期从事体力劳动的员工，公司定期安排轮休，让他们有充沛的体力、愉悦的心情，投入工作之中。

公司坚持营造舒心暖心的工作氛围。工作之余，公司会组织开展篮球比赛、歌舞大赛等文体活动，每季度还会评选体育之星、文艺明星。公司建立了"员工关爱互助基金"，及时帮助员工解决生活中遇到的难事、急事。公司员工那比江·斯肯达的妻子身患疾病，家庭负担较重，公司从基金中每月拿出1000元，解决了他的大女儿在外读书的生活费。在这样一个温暖的大家庭里工作，员工们工作有劲头，生活有奔头，未来有盼头。几年下来，生活幸福指数有了明显提升，许多员工都买了十几万元的小轿车。

我来自浙江，在新疆已经生活了28年，见证了新疆人民通过辛勤劳动把日子越过越美的历程，也很荣幸能够参与其中，和他们一道努力奋斗，共享幸福生活。今后，我们公司将一如既往地维护好员工权益，让每位职工快乐工作、幸福生活！

徐贵相：

下面，请乌鲁木齐市一家石油公司员工卡依沙尔·买买提讲一讲他的工作经历和感受。

卡依沙尔·买买提：

我在这家公司工作已经13年了。我是通过招聘来到公司的。因为公司的待遇比较好，我通过竞聘，有幸成了一名"石油人"。我们公司非常大，有近8000人，各民族都有，来自很多省区市。我入职的第一件大事，就是跟公司签订了劳动合同，"白纸黑字"写明了我享有的权利、应该承担的义务，对工资、休假、社保、福利等都作了详细规定。而我要做的，是遵守安全生产、考勤等公司规章制度，努力工作，准时完成任务。签完字，我心里乐开了花。从那一刻起，我就是一名正式的企业员工了！

虽说公司待遇不错，但也有一些同事或是因为找到了更好的去处，或是想换个领域发展，选择了离开。每次他们提出申请，公司都会再三挽留。可一旦他们最终决定要离开，公司也会充分尊重他们的意愿，按照法律和签订的合同，解除劳动合同，并指派专人帮助办理社保移交等手续。

我们公司还根据企业法，经过职工大会讨论，制定了《劳动纪律及考勤管理标准》，对值班人员工时折合计算，每天工作时间不超过8个小时，元旦、春节、劳动节、古尔邦节、肉孜节都会安排休息。公司还制定了《员工假期管理标准》，明确职工带工资年休假、婚假、丧假、产假、哺乳假、换休假、工伤护理假、亲子护理假等假期的管理办法，制定休假计划。我每年都有10天带薪休假。

我们公司福利待遇很好，在这里工作很有归属感。公司每月按时给我们缴纳养老保险、医疗保险、失业保险、工伤保险、生育保险和住房公积金等。我现在每月工资实发大概5000元，还有200元的生活补贴。今年3月，公司刚组织了免费体检。每年春节、古尔邦节、肉孜节前夕，公司都举办各类联欢活动，组织我们表演才艺，又是唱歌又是跳舞，还有美食，公司那会儿就像欢乐的海洋。公司每天都进行安全生产检查，定期开展劳动法规执行和劳动保护检查，经常征求职工意见建议，及时帮助解决困难。

公司制定了企务公开制度，重要决定都提前向全体职工公示。公司还设立了"意见箱"，我们对公司有什么意见，都可以写信给管理层；在工作和生活中遇到一些难题，也可以通过"意见箱"寻求公司支持帮助解决。

徐贵相：

各位记者朋友，现在正值新疆棉花播种季节。我也提前了解了一下，目前南疆地区的棉花应该基本上已经种完了，北疆地区还在继续播种。现在都是机械化播种，进度非常快。前几天，我们请记者朋友在棉田里拍了一些画面，请大家观看，感受新疆棉花机械化播种的状况。

徐贵相：

接下来，我们连线新疆沙雅县棉农艾麦提·艾散，看看现在棉花长得怎么样了。

2022年4月6日拍摄
Filmed on April 6, 2022

巴楚县·万亩棉田春播春种
Bachu County Spring Plowing and Sowing
in Thousands of Acres of Cotton Fields

徐贵相:

艾麦提·艾散,你好!我们现在正在举行新闻发布会,媒体记者非常想了解一下现在南疆地区棉花种植情况,请你给大家介绍一下你的基本情况。

艾麦提·艾散:

我是艾麦提·艾散,新疆温宿县棉农。我种了10多年棉花了。现在,我们5户农民组成了合作社,去年种了680亩棉花,今年种了780多亩。棉花种下去已经20多天了。你们看,棉花苗已经长出来了,很整齐,地里草也很少。

徐贵相:

现在都是机械化种植了吗?种这些地需要多久?

艾麦提·艾散:

对,现在棉花种植、农田管理、采摘基本都是机械化了。现在用大拖拉机,一天400亩地到500亩地能干完,速度大大提升了,种得也很好,很整齐,而且发芽率很高。现在一个人就能管理200到300亩棉田,不复杂,也不是特别累。

徐贵相:

去年收入怎么样?除了种棉花,你还从事其他行业吗?

艾麦提·艾散：

去年棉花价格好，我们收入也很好。所以今年又多种了一些。挣钱之后我把家里的房子重新装修了，还在城里买了房子，买了辆小汽车。我今年计划再买个大型机械，可以租给别人挣钱。

徐贵相：

好的，我们就了解这么多，非常感谢你的介绍。祝你的日子过得越来越红火。

徐贵相：

以上我们围绕新疆的劳动权益保障情况请了不同领域、不同方面的 8 位代表向大家介绍了情况。接下来，我们就各位媒体记者关心的问题进行交流。下面，请新华社记者提问。

问

新华社：

美国国务院 4 月 12 日发布《2021 年国别人权报告》，对全球 198 个国家和地区的人权状况进行评价。请问，发言人对此如何评价？

答

徐贵相：

美国国务院年复一年、不厌其烦地发布别国人权报告，对包括中国在内的多个国家和地区的人权状况横加指责，但我们反过来要问一下，美国为什么不发布自己国家的人权报告，为什么不说一说自己国家的人权状况，为什么不听一听世界人民对美国人权状况的控诉？美国不过才有 200 多年历史，但他们发动的战争、制造的灾难、犯下的罪行罄竹难书。美国不反省自己，反倒对其他国家指手画脚。看来他们根本就不懂什么是正义，什么是邪恶；什么是高尚，什么是卑鄙。明明自己是"魔鬼"，却非要装扮成"天使"，这不是让天下人看笑话吗！

徐贵相：

下面，请印尼安塔拉通讯社记者提问。

问

印尼安塔拉通讯社：

本月全世界的穆斯林，包括在新疆的穆斯林，正在封斋、过斋月，下个月他们将会结束斋月庆祝开斋节。您是否可以跟我们分享在新疆的维吾尔族穆斯林群体过斋月的情况？维吾尔族领导是否也会像去年一样在北京举行开斋节招待会？

答

伊力江·阿那依提：

自今年4月3日进入斋月以来，新疆各族穆斯林按照伊斯兰教传统，在安定祥和的氛围中，过着斋月生活。他们早上封斋、晚上开斋，每天5次礼拜，还有晚上宵礼之后的"台拉威哈"拜都正常进行。斋月结束时，各族穆斯林还将举行肉孜节会礼。新疆政府明文规定，肉孜节各族群众放假1天，共同庆祝节日。家家户户都会准备馓子、油饼、羊肉等美食，接待亲朋好友，完全是其乐融融的景象。至于是否像去年一样召开肉孜节招待会，还要看疫情情况而定。如果举办的话，我愿意邀请大家。

徐贵相：

下面，请彭博新闻社记者提问。

问

彭博新闻社：

我想问一个关于就业转移扶贫的问题。我知道通过就业转移实现脱贫目标的一个项目。这个脱贫项目在去年实际上已经达到了目标。那么，在未来，劳动就业转移的计划是否还会继续执行？会继续扩大吗？

答

徐贵相：

转移就业主要是通过政府的帮助支持，让农村富余劳动力外出务工，实现有活儿干、有钱赚，过上更加富足美好的生活。新疆特别是南疆地区经济社会发展相对滞后，自然条件也比较差，就业岗位不多，过去一个时期农村富余劳动力量大，如果不实行转移就业政策，就难以实现脱贫致富，也谈不上全面小康。面对这样的现状，政府必须有所作为，为老百姓排忧解难，帮助他们走出困境、摆脱贫穷。政府所做的就是给群众服好务、帮好忙，提供就业信息，搞好技能培训，做好保障工作，使群众外出务工能够舒心安心。群众愿意不愿意参加、想到哪里去、喜欢做什么样的工作，都是自己说了算。所以，转移就业不是强迫就业，也没有任何强迫的必要。

转移就业给各族群众带来了实实在在的好处。人们通过外出务工，尝到了实实在在的甜头，也得到了实实在在的好处。很多人买了房子、买了小汽车，有了进一步创业的资本，也开阔了眼界，精神面貌发生很大变化。现在，越来越多的人愿意外出务工，参加转移就业计划。政府也理所当然地要为群众寻找更多的就业机会，搭建更加广阔的就业平台，提供更加周到的就业服务，让各族劳动者都能找到更加适合的岗位，找到发挥自己才能的空间，让他们过上更加美好的生活。

徐贵相：

下面，请日本广播协会记者提问。

问

日本广播协会：

联合国人权事务高级专员巴切莱特预计在5月访问中国，并表示将在本月派出先遣队。能否介绍一下本次访问的具体情况？中方有什么相关准备？

答

徐贵相：

我们欢迎巴切莱特女士访问中国并参访新疆。至于具体安排，中国外交部正在与巴切莱特女士及其团队沟通，目前我们不掌握详细情况。

徐贵相：

接下来，请各位媒体朋友继续提问。

如果没有问题，我们今天的涉疆发布会到此结束。谢谢各位记者朋友出席。再见。

徐贵相
Xu Guixiang

艾克拜尔·尼牙孜
Akbar Niyaz

伊力都斯·木拉提
Ildos Murat

艾尼瓦尔·阿不拉
Anwar Abla

郭蓓
Guo Bei

新疆维吾尔自治区第 73 场涉疆问题新闻发布会实录

2022 年 5 月 13 日，新疆维吾尔自治区举行涉疆问题新闻发布会。

徐贵相：

各位记者朋友，上午好！欢迎参加今天的涉疆问题新闻发布会。我是新疆维吾尔自治区人民政府新闻发言人徐贵相。这位是新疆维吾尔自治区人民政府新闻发言人伊力江·阿那依提先生。参加本场新闻发布会的还有8名专家学者，他们是：

新疆大学历史学院副教授艾克拜尔·尼牙孜，新疆维吾尔自治区总工会副主席伊力都斯·木拉提，新疆大学副校长恰汗·合孜尔，新疆医科大学校长凯赛尔·阿不都克热木，新疆社会科学院法学所研究员郭蓓，乌鲁木齐市律师协会理事、新疆伽苏尔律师事务所主任艾尼瓦尔·阿不拉，中国社科院美国研究所研究员刘卫东，兰州大学政治与国际关系学院副教授曹伟。刘卫东、曹伟两位专家将通过视频连线方式参会。我们今天的新闻发布会主要针对美国的人权状况发表看法。

一个时期以来，美国对中国新疆的人权状况异常关心，发动各方力量、豢养各类写手、采用各种手段，罗织各项莫须有的罪名，意图将"侵犯人权"的帽子硬扣在新疆头上。美国在近期发布了"国别人权报告"，继续老调重弹，对世界198个国家和地区的人权状况说三道四、指手画脚。美国以为自己站在了正义和道德的顶端，傲慢地指责和抨击他国人权，仿佛是世界人权的"法官和裁判"，但实质又是怎样的呢？今天，我们就用美国的人权"手电筒"来照一照，看看美国到底给世界做了怎样的"表率"。

美国是政治谎言的制造者。美国前国务卿蓬佩奥公然宣称，"我们撒谎，我们欺骗，我们偷窃……这才是美国不断探索进取的荣耀"。为发动战争侵略他国领土、制裁打压他国产业，美国能偷能骗能撒谎，可以说坏事做尽，但不以为耻，反以为荣。

美国是世界秩序的破坏者。美国是全球唯一未批准《儿童权利公约》的国家，至今拒绝批准《经济、社会和文化权利公约》《残疾人权利公约》《消除对妇女一切形式歧视公约》。美国利益上有需要就"进群"，认为影响自身霸权就"退群"。

美国是暴力行径的纵容者。仅2021年，至少有1124人死于美国警察的暴行，弗洛伊德们"我无法呼吸"的呐喊刺痛人心。司法机构公然为警察暴行提供庇护，民众安全得不到有效保障。

美国是劳动者权益的侵犯者。强迫劳动历史遗毒在美国根深蒂固，大量外来移民被迫成为新"黑奴"，在恶劣条件下被迫从事低回报、高风险工作。

美国是疫情防控的失败者。在美国已有超100万人死于新冠疫情，超30%的美国人失去亲友，超20万人沦为孤儿，美国政府却忙着"甩锅"推责，热衷于找"替罪羊"。

美国是种族灭绝的实施者。美国一些政客公然奉行白人至上，亚裔美国人被视为"永远的外国人"，穆斯林深受"伊斯兰恐惧症"之伤，原住民遭受长期系统性种族迫害。

美国是人权灾难的输出者。在240多年的历史中，美国仅有16年没有打仗。一系列战争造成世界各地大量无辜平民死亡，无数城市毁于炮火之下，美军犯下的罪行罄竹难书。

美国就是这样一个人权劣迹斑斑的国家，却要将自己标榜成"民主卫士""自由灯塔""人权楷模"，对他国人权横加指责，这是典型"贼喊捉贼"的行为。美国的人权就像"皇帝的新衣"，遮不住本身的丑恶，美国却沾沾自喜、洋洋自得。一些跟班迫于压力还要卖力叫好，十分可悲。

如今的新疆社会大局稳定，人民安居乐业，连续5年多未发生暴恐案（事）件，各族群众的生命权、发展权得到充分保障。天山南北、城市乡村到处呈现出欣欣向荣、蒸蒸日上的喜人景象。美国没有任何资格、没有任何依据对新疆人权状况说三道四。

接下来，我们从几个方面听一听有关人士的看法。

徐贵相：

首先，美国污蔑新疆"压迫穆斯林"，事实上，新疆各族穆斯林权益依法得到充分保障，新疆伊斯兰教得到了健康有序传承。反观美国，系统性歧视穆斯林、出台禁穆令，所作所为令人震惊。下面，请新疆大学历史学院副教授艾克拜尔·尼牙孜谈谈看法。

艾克拜尔·尼牙孜：

美国号称宗教信仰自由，但伊斯兰教却长期受到排挤、限制，甚至禁止。穆斯林群体长期受到歧视、打压，甚至迫害，始终难逃"不受信任的外来人"境地，基本政治权利、经济权利、文化权利、社会权利难以得到保障。

美国国内对穆斯林人权的系统性侵犯，一方面体现在立法、司法和行政体系的日常运作中，另一方面则通过社会公众对穆斯林和伊斯兰教的负面认知、公然敌视表现出来。

立法层面，"9·11事件"之后，美国借维护国家安全之名，出台《加强边境安全和入境签证改革法》、"特殊登记"方案等约 20 项相关的法规政策，其中 15 项明显针对穆斯林。司法层面，穆斯林经常被莫名审查、起诉，遭受不公平待遇。2005 年 3 月 11 日，美国司法部总监察长在报告中披露，穆斯林囚犯在美国很多地方的联邦监狱中受到了歧视和虐

待。行政体系日常运作中，美国政府颁布了"13769 号行政令"，即臭名昭著的"穆斯林禁令"，禁止伊朗、伊拉克、利比亚、索马里、苏丹、叙利亚和也门等 7 个国家的公民进入美国。美国最高法院使"穆斯林禁令"合法化的裁决，是在美国历史上首次将仇视伊斯兰教制度化和合法化，违反了美国宪法关于为所有人提供平等保护和公开审判权的规定。

"9·11 事件"之后，美国对穆斯林歧视呈明显上升趋势。更有甚者，美国一些政客和媒体竟然常常把穆斯林群体与恐怖分子画等号。美国政客公然拿伊斯兰教和穆斯林说事，他们不担心自己有什么政治风险，反而卖力地污名化伊斯兰教和穆斯林以便获得更多选票。美联社 2021 年 9 月 9 日报道，调查发现，53% 的美国人对伊斯兰教持负面看法。美国－伊斯兰关系委员会 2021 年发布的报告称，该组织每年都会收到更多与欺凌和仇视穆斯林相关的投诉。

美国甚至出现和兴起了"伊斯兰恐惧症产业"，一些人把对穆斯林的歧视与迫害"当饭吃"。很多反伊斯兰教的人利用出版书籍、撰写文章、担任访谈嘉宾的机会，发表了大量偏激的言论，甚至是虚假信息，将穆斯林普遍描绘成阴险、鼓吹暴力、反美国的形象，并且执迷于穆斯林阴谋论。在反穆斯林的社会氛围下，绝大多数美国人对穆斯林感到恐惧、不信任，甚至产生仇恨心理。

美国对穆斯林系统性歧视导致的严重后果，在就业领域表现尤为明显。近几十年来，随着美国移民政策的调整，有上百万穆斯林移民来到美国，这些人中有很大一部分是学者、医生和工程师，具备专业技能，他们为美国的发展作出了贡献。但据卡内基梅隆大学研究发现，在美国，穆斯林向同一机构提交相同工作申请后，收到的回信"比基督徒少 13%"。《美国穆斯林调查报告 2020》数据显示，求职过程中，33% 的穆

斯林受到歧视。而在同执法部门互动、接受医疗保健服务或在公共场所活动时，穆斯林受歧视的比例远高于普通民众。

美国一方面在国内系统性迫害穆斯林，大搞去伊斯兰化，另一方面又假惺惺地宣称"关心"新疆的穆斯林生活状况。请问，你们问过新疆的穆斯林吗？他们需要你们虚情假意的关心吗？此前不久，新疆维吾尔自治区举办了宣介会，新疆宗教人士、穆斯林群众展示了大量事实，证明了新疆各族穆斯林信仰自由、生活幸福，各项权利得到充分保障。美国大可以收起那几滴"鳄鱼眼泪"，去关心本国的穆斯林。

徐贵相：

美国污蔑新疆存在"强迫劳动"，但事实上，新疆各族劳动者都在阳光下体面劳动，他们的劳动权益依法得到保障，生活水平有了显著提高，"劳动创造美好生活"成为时代强音。反观美国，不仅在历史上存在大规模的强迫劳动，现如今人口贩运的问题依然十分突出。接下来，请新疆维吾尔自治区总工会副主席伊力都斯·木拉提谈谈看法。

伊力都斯·木拉提：

一段时间以来，美国一些反华势力大肆编造所谓新疆实施"大规模强迫劳动"的谎言，并以此为借口滥用长臂管辖、出口管制措施，企图通过制裁打压新疆企业、制造"强迫失业""强迫贫困"。这些反华势力只知道一味指责抹黑新疆，似乎忘了美国自己才是真正存在强迫劳动的国家。

美国有数百年贩卖、虐待和歧视黑奴的历史。从 1619 年接收首批奴隶至 1865 年美国废除奴隶制，美洲大陆的南方种植园成为黑人等少数族裔被强迫劳动的主要场所。为了保证充足的劳动力，即便在 1783 年至 1808 年禁止国际奴隶贸易期间，美国贸易商依然通过各种手段将约 17 万名奴隶运至美国，这一数字是 1619 年以来北美进口奴隶总数的三分之一。据统计，美国奴隶主从黑奴身上压榨的劳动价值以现价计高达 14

万亿美元。可以说，强迫劳动是美国"发家史"上永远抹不去的污点。

尽管 21 世纪的阳光已经普照世界，但强迫劳动这种奴隶社会的遗毒，在美国依旧是根深蒂固，只不过受害者变了身份，从"黑奴"变为外来移民。2015 年至 2020 年，美国所有 50 个州和华盛顿哥伦比亚特区都报告了强迫劳动和人口贩运的案件。每年从境外贩运至全美从事强迫劳动的人口多达 10 万人，其中一半被贩运到"血汗工厂"或遭受家庭奴役。根据美国一些学术机构的统计，美国至少有 50 万人遭受现代奴役并被强迫劳动。

美国农业领域也是强迫劳动的重灾区。"农场工人公正"组织在《绝非待客之道》报告中称，美农场主无须支付季节性移民工社保和失业保险，用工成本低，还恶意克扣工资、实施债务奴役，种族歧视、不保证基本住宿和安全工作场所的现象屡见不鲜。在农业领域，30% 的农场工人及其家庭生活在联邦贫困线以下，他们难以表达自己的诉求，经常遭受威胁或暴力并被强迫劳动。

美国滥用童工现象同样臭名昭著。美国是世界上唯一没有批准联合国《儿童权利公约》的国家。据美国一些行业协会的统计，美国约有 50 万名童工从事农业劳作，很多孩子从 8 岁起开始工作，每周工作时长达 72 小时，每天劳作 10 小时以上也不鲜见，童工因农药致癌风险更是成年人的 3 倍。

无数史实和案例已反复证明，美国存在的强迫劳动既是黑人奴隶的血泪史，也是现代社会美国外来移民的梦魇。然而，美国政府却对此避而不谈，甚至刻意规避自己本应承担的保护责任。据国际劳工组织统计，迄今美国只批准了 14 项国际劳工公约；在劳工组织 8 个核心公约中，美国仅批准 2 个，是批准公约数量最少的国家之一。无论美国一些反华势力如何在劳工问题上对新疆抹黑攻击，无论其如何自我标榜"民主灯塔""人权卫士"，都永远无法遮掩美国侵犯劳工权利的钢戳铁证。

徐贵相：

美国污蔑新疆存在"种族灭绝"，事实上，新疆各民族平等团结，共同繁荣进步，共享社会发展成果。反观美国，历史上大肆驱逐、杀戮印第安人，现如今放纵种族歧视加剧社会不公。接下来，请新疆大学副校长恰汗·合孜尔谈谈看法。

恰汗·合孜尔：

一段时期以来，美国豢养一些"伪学者"，扶持一批反华组织，构陷新疆实施"种族灭绝"，新疆少数民族"饱受迫害"。然而，事实却完全相反，美国自己才是真正实施"种族灭绝"的国家。美国历史的每一个篇章里，都浸满了原住民、少数族裔的鲜血。时至今日，种族主义罪恶基因仍然在美国"血液"中流淌，种族主义问题仍然没有解决，而且愈演愈烈，延续两个多世纪的"印第安人种族灭绝史"和"种族歧视纪录"还在增添新的罪证。

美国立国根基建立在对原住民印第安人惨无人道的种族清洗之上。美国《独立宣言》公开污蔑印第安人是"残酷无情、没有开化"的种族。美国首任总统乔治·华盛顿声称，"用印第安人的皮可以做出优质的长筒靴"，多次指示军队肆意屠杀印第安人。美国前总统詹姆斯·麦迪逊颁布法令，每上缴一名印第安人的头盖皮可获得赏金。美国前总统安德鲁·杰克逊发表"每10分钟就该处决一名印第安人""只有死掉的印第安人才是好印第安人"等一系列种族灭绝言论。特别是在"西进运动"中，美国白人大肆驱逐、杀戮印第安人。到20世纪初，美国印第安人人口已从1492年的500万骤减至25万。如今，在美印第安人数量仅占美总人口的2%。美国对印第安人的疯狂屠杀灭绝，远远超过纳粹种族屠杀犹太人的数量。美国统治者在大肆屠杀印第安人的同时，还在文化上对印第安人进行同化，以达到消灭异己的目的。早在19世纪末，美国开始全面实施白人模式教育，推行强制性的唯英语教育。

美国对印第安人实施"种族灭绝"，绝不仅仅是历史问题，更是延续至今系统性、长期性的种族歧视。直到今天，美国印第安人仍是美国经济文化落后、社会问题多发的弱势群体，依然过着二等公民般的生活，权利饱受践踏。2014年，联合国消除种族歧视委员会就美国《消除一切形式种族歧视公约》履约报告发表结论性意见，批评美国存在针对印第安人等土著居民的系统性歧视问题。但美国却对此置若罔闻。

美国发展的基础建立在对非洲族裔惨绝人寰的剥削压榨之上。美国的发家史，就是一部非洲族裔的血泪史。美国电影《拯救姜戈》真实再现了美国白人庄园主肆意盘剥压榨"黑奴"，将他们视为草芥任意残杀的黑暗历史。马丁·路德·金实现黑人平等自由的梦想还未实现，弗洛伊德们"我不能呼吸"的痛苦呼喊音犹在耳。联合国当代形式种族主义、种族歧视、仇外心理和相关不容忍行为问题特别报告员指出，美国执法当局杀害和残暴虐待非洲裔的案例数量惊人，而且很少受到法律追究。

据美国媒体报道，60%的美国非洲裔认为，他们经常在求职和购物时被歧视，在住房申请、贷款办理、保险领取等问题上所受歧视更是屡见不鲜。"警察暴力地图"网站数据显示，2020年美国警察共枪杀1127人，其中只有18天没有杀人。非洲裔只占美国总人口的13%，却占被警察枪杀人数的28%，非洲裔被警察杀死的概率是白人的3倍。2013年至2020年，约98%的涉案警察未被指控犯罪，被定罪的警察更是少之又少。特别是2020年，美国非洲裔男子弗洛伊德之死及其引发的大规模抗议活动，再次暴露出美国国内存在的长期性、系统性的严重种族歧视。

美国肆意欺凌亚裔群体。1882年，时任美国总统切斯特·阿瑟正式签署"排华法案"，这是美国历史上首次颁布针对特定种族、民族的反移民法。该法案不仅对在美华人构成歧视，还直接威胁到他们的安危。"排华法案"直至1943年才宣告废止，美国国会直至2012年才象征性地作出道歉。新冠疫情背景下，美国各地针对亚裔的暴力行为加剧，各种欺辱、谩骂、攻击层出不穷。在美国政客的种族主义操弄下，针对亚裔的袭击事件大幅增加。"停止仇恨亚裔及太平洋岛民"组织2021年11月18日发布的报告显示，2020年3月19日至2021年9月30日，该组织共收到10370起针对亚裔的种族主义攻击事件报告，大多数事件发生在街道、工作场所等公共空间。纽约市警察局2021年12月8日发布的数据显示，该市2021年针对亚裔的仇恨犯罪比2020年猛增361%。美国《外交事务》网站2021年7月28日发表题为《不要种族主义的竞争关系》的文章称，"美国外交政策制定者一贯夸大中国威胁"是导致仇视亚裔事件激增的关键因素，妖魔化中国必然会妖魔化美国所有亚洲面孔的人，"除非美国政策制定者停止将中国作为美国所有困境的出气筒，否则亚裔美国人将继续处于水深火热之中"。

徐贵相：

接下来，请大家观看一段视频，了解美国对印第安人实施"种族灭绝"的情况。

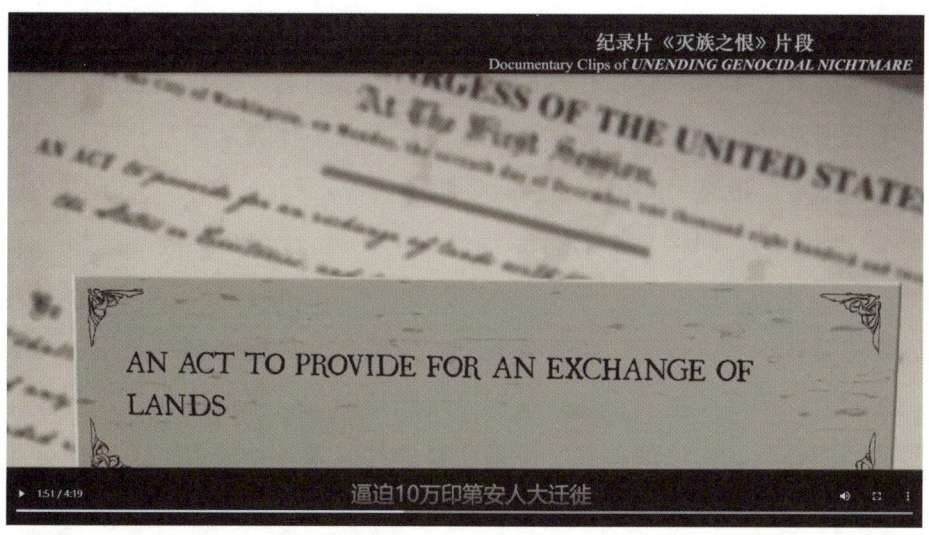

纪录片《灭族之恨》片段
Documentary Clips of *UNENDING GENOCIDAL NICHTMARE*

AN ACT TO PROVIDE FOR AN EXCHANGE OF LANDS

▶ 1:51 / 4:19　　　　逼迫10万印第安人大迁徙

徐贵相：

美国污蔑新疆"侵犯人权"，事实上，新疆各族群众生命权、健康权、发展权等各项权益得到有力保障，人民安居乐业、幸福生活。反观美国，疫情防控不力，已酿成100多万人死亡的人间惨剧。接下来，请新疆医科大学校长凯赛尔·阿不都克热木谈谈看法。

凯赛尔·阿不都克热木：

美国拥有全世界最先进的医疗设备和技术，却成为全球新冠感染和死亡人数最多的国家，是名副其实的"全球最大抗疫失败国"。美国政府漠视民众生命权和健康权，一边不谋抗疫之策持续"躺平"，打着保障"自由"的旗号愚弄民众，一边鼓噪"病毒溯源"，大搞政治操弄，热衷"甩锅"推责，转移民众视线。

自新冠疫情在美国暴发以来，疫情防控始终被高度政治化，成为共和党和民主党相互攻讦、否决、对抗的工具和筹码。政客只关注政治私利，却无视民众生命健康。美国政府不仅没有集中

凯赛尔·阿不都克热木
Kaysar Abdukerem

精力开展防控，反而大搞政治操弄，发布虚假信息误导民众。一些政客极力淡化疫情危害，推行与公共卫生专家建议相悖的举措，将科学问题政治化，制造社会对立，最终造成了十分混乱的防疫局面。美国在疫情防控方面不作为甚至乱作为，而美国民众无力改变悲惨境地，最终为此付出了惨重的生命代价。

截至 2022 年 5 月 4 日，美国累计新冠死亡病例超过 100 万例，这相当于美国第 10 大城市——圣何塞的总人口。美国媒体报道，新冠疫情已导致超过 20 万美国儿童失去父母或主要看护者，成为"疫情孤儿"。这些孤儿还面临药物滥用、失学、贫困等风险。然而，美国媒体指出，这一最需要得到帮助的弱势群体，并没有被美国政府"当作紧迫的问题"。"疫情孤儿"呈现明显的种族差异，放大了美国社会存在的系统性种族歧视问题。美国学者研究发现，少数族裔人口占美国总人口的 39%，少数族裔"疫情孤儿"却占 65%。平均每 753 个白人孩子有一个成为"疫情孤儿"，与此对应的是拉美裔平均每 412 个孩子有一个成为"疫情孤儿"，非洲裔 310 个，土著印第安人 168 个。

老年人成为美国疫情防控的"牺牲品"，美国一些政客奉行优胜劣汰的自然法则，宣称"年长者可为国牺牲""国家经济比老年人生命更重要"。联合国老年人权利问题独立专家克劳迪娅·马勒 2020 年 7 月 21 日发布的报告显示，医疗保健服务方面的歧视、应对疫情时没有将疗养院放在足够优先的位置以及没有实施隔离政策，使得老年人更容易受到忽视或虐待，美国新冠疫情期间疗养院死亡人数有严重遗漏。

美国抗疫不力，造成了数量可观的无家可归者。美联社报道，自 2021 年 1 月份以来，罗得岛州没有住房的人数增加了 85% 以上。根据儿童促进会报告，2020—2021 学年纽约市无家可归的学童曾一度超过 10 万名，占该市公立学校学生总数的近十分之一。有的学生住在无家可归者收容所，有的学生甚至不得不住在汽车、公园或废弃的建筑物中。《纽约时报》网站报道，旧金山每 100 名居民中就有一人无家可归。

美国一些政客对国内民众生活状况视而不见、毫不关心，却不忘"关心"他国民众生活得怎么样，正如一些媒体评论的那样，美国人惺惺作态的样子，令人反感。

徐贵相：

接下来，请大家观看一段视频，了解美国作为世界上最大的疫情防控失败国，造成超百万人死亡的相关情况。

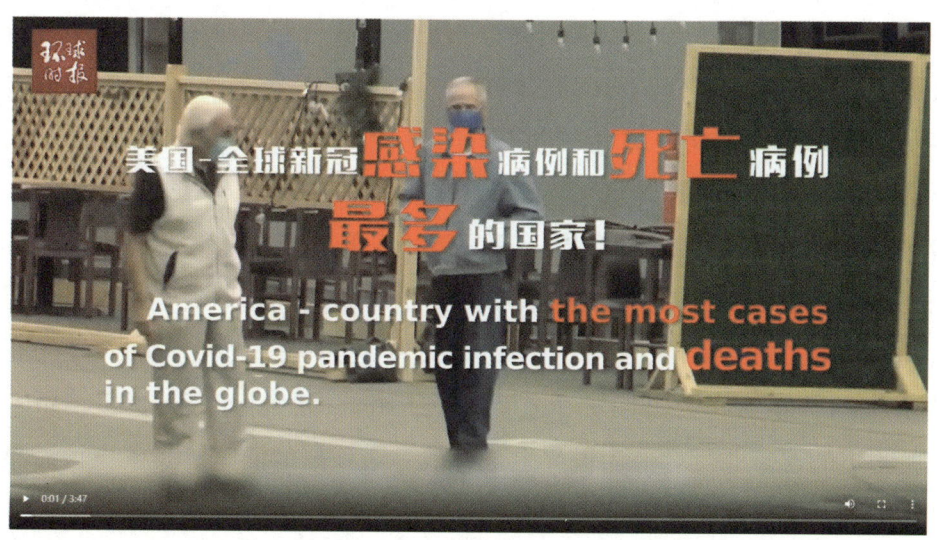

徐贵相：

美国还有一个鲜明的特征，这就是世界上最好战的国家。特别是在越南、阿富汗、伊拉克、叙利亚，美国造成的人道主义灾难罄竹难书，无数平民死于战火。接下来，请新疆社会科学院法学所研究员郭蓓谈谈看法。

郭蓓：

中国人权研究会 2021 年 4 月份发布的一份关于美国对外战争的报告显示，自 1776 年独立以来，在 240 多年的历史中，美国没有参与战争的时间不足 20 年。据不完全统计，从 1945 年第二次世界大战结束到 2001 年，世界上 153 个地区发生了 248 次武装冲突，其中美国发起的就有 201 场，约占 81%。穷兵黩武的美国，撕下了伪善的"外衣"，时刻挥舞着武力"大棒"，肆意侵犯他国主权、践踏他国人权，甚至连"胡萝卜"都不再准备了。

美国发动的一系列战争制造了大量人道主义灾难。20 世纪 50 年代至 70 年代的越南战争中，约 200 万越南平民在战火中死亡，40 万平民因美军投放的落叶剂

死亡。1999年的科索沃战争，以美国为首的北约军队打着"避免人道主义灾难"的旗号，公然绕过联合国安理会，对南联盟进行了78天的持续轰炸，造成2000多名无辜平民丧生，6000多人受伤。20年的阿富汗军事行动，共17.4万人死亡，受伤人数超过6万；就在撤离阿富汗的当天，美军还造成一家10口死亡，其中最小的只有2岁。2003年伊拉克战争导致约20万至25万平民死亡，美军直接致死的平民超过16000人，以美国为首的联军还在伊拉克大量使用贫铀弹、集束炸弹和白磷弹，对平民造成极大伤害。2016年至2019年，叙利亚战争造成33584名平民死亡，美国领导的联军轰炸直接致死3833人，有半数是妇女和儿童。一组组数据触目惊心，真实记录了美国对世界人民犯下的累累罪行。作为世界上最好战、最残暴的国家，美国应该诚恳地向那些无辜死难者家属道歉、忏悔！

近日，叙利亚外交部致信联合国，公开指控以美国为首的"国际联盟"组织曾在叙利亚本土犯下战争罪、反人类罪。信函中，叙利亚外交部详细说明了2017年至2019年间，美国带领非法的"国际联盟"军队在叙利亚展开军事行动，制造的一系列人道主义灾难。2017年，"国际联盟"在拉卡市实施的军事行动导致城市几乎被摧毁，数千平民死亡。2018年，美军曾向巴古兹镇投下两枚炸弹，致使当地近80人丧生。

叙利亚只是美国借所谓"人权干预政策"侵略他国、制造人道主义灾难的一个缩影。如果说战争是人权的"坟墓"，美国的历史就是一个看不到尽头的坟场。数十年来，美国打着"民主""人权"旗号，不断在全球各地发动战争、输出战乱、干涉内政，其"唯我独尊、宁负天下"的霸权主义政策在许多国家制造了无数人间悲剧。

令人愤慨的是，美国不仅不反思自己所犯罪行，还百般狡辩抵赖，阻挠调查。美国对参与调查美军在阿富汗战争中行为的国际刑事法院工作人员及其家属实施经济制裁和入境限制，公然威逼恐吓国际刑事法院放弃调查。同时，美国继续以"国际警察"和"人权卫士"自居，在国际社会上耀武扬威。

但美国200余年的战争史就是无法磨灭的铁证，凸显其嗜战成瘾的本性，将其钉在人道灾难制造者的"耻辱柱"上。不管美国以何种巧立的名目发动或鼓动战争，在美国炮火下丧生的成千上万的冤魂都时刻向世人提醒着其虚伪本质——美国向来不是"人权卫道士"，而实为"人权伪道士"。

徐贵相：

接下来，请大家观看一段视频，了解美国发动战争造成人道主义灾难的情况。

徐贵相：

美国国内警察暴力执法痼疾难消，司法机构对警察暴力执法则采取"庇护""放纵"的态度。接下来，请乌鲁木齐市律师协会理事、新疆伽苏尔律师事务所主任艾尼瓦尔·阿不拉谈谈看法。

艾尼瓦尔·阿不拉：

2020年，非洲裔男子乔治·弗洛伊德遭遇白人警察暴力执法窒息死亡，"我不能呼吸"的呐喊扯下了美国人权的"遮羞布"，将美国警察暴力执法、系统性种族歧视等顽疾暴露于天下。独立调查项目"警察暴力地图"数据显示，就在弗洛伊德遇害后一年内，又有181名黑人在美国警察执法中死亡。

为什么美国警察暴力执法难以根除？从法律上来看，美国的警察实质上是没有保护公民安全的义务的。这种怪现象源自美国司法机构对警察暴力执法的"呵护"。美国最高法院再三确认，警察及政府官员没有尽到保护公民的义务时，无须被起诉，即拥有所谓的资质

豁免权。简单来说就是，只要没有证据表明政府官员知法犯法、故意违宪，那么在他们履行自己的职责时"无意"违法，是能免于民事诉讼的。据"警察暴力地图"统计数据，2013—2020 年，有 98.3% 暴力执法的美国警察未被指控犯罪，换而言之，仅有极少数的美国警察会因为暴力执法而受到法律惩罚。作为一个"警察国家"，美国警察的所作所为不仅得到司法机构的庇护，还能在立法者和行政者那里得到默许。美国各地大大小小的警察工会，是历届大选时最坚定的保守派，与秉持保守主义的共和党一脉相承。共和党支持警察工会的主张，民主党畏惧警察工会的能力，警察的暴力执法更加有恃无恐。

为什么暴力执法的对象多是非洲裔？在美国黑人家庭，家长教育孩子时总会叮嘱一点：作为黑人，被警察找理由盘问的概率很大，遇到这种情况千万不要顶嘴，否则后果非常危险。《今日美国报》网站 2021 年 7 月 8 日报道，调查显示，只有 22% 的美国人认为警察公正执法，有色人种频繁遭受不公正执法。美国暴力执法与系统性种族歧视密不可分。历史上，美国警察部门前身是地方社区自发组成的治安队，主要功能就是抓捕逃亡的黑人奴隶和镇压农奴起义。在废除奴隶制之后，南方各前蓄奴州的警察队伍不但不尊重黑人的权利，反而成为种族主义者"合法"限制黑人权利的工具。这种种族主义传统根深蒂固地存在于美国警察队伍之中。加之，美国社会种族对立冲突加剧，这让美国警察对非洲裔群体的偏见更加明显，警惕心和紧张感更加明显，极易导致暴力执法现象发生。

最后，美国有没有可能根除暴力执法问题？美国警察暴力执法问题与种族歧视、枪支暴力、社会公平等问题交织，成为根深蒂固的"美国病"之一。美国社会种族主义泛滥，社会对立撕裂，以至于美国非洲裔"获得解放"159 年后，仍受困于各类枷锁之中，在经济方面长期遭受歧视和不平等待遇。更高的失业率，更少的就业机会，更低的工资，更少的社会福利，让非洲裔难以获得平等发展的机会。白人至上主义在美国大行其道，甚至演化成针对非洲裔的仇恨犯罪。美国警察的暴力执法甚至得到了一部分人的支持。美国枪支泛滥，枪支暴力问题日益严重，"幽灵枪"屡禁不止，在非洲裔聚居的社区枪支暴力问题更加突出，美国警察在面对非洲裔犯罪嫌疑人时更容易采取伤害性极强的措施。暴力执法是美国制度缺陷的产物，是附着在美国社会"血脉"上的毒瘤，我们看不到彻底解决的可能性。

徐贵相：
　　接下来，我们看看美国国家民主基金会的真相。该基金会作为美国政府的"马前刘卫东：

在近些年一系列涉疆丑陋"闹剧"背后，一家自称"非官方、非营利"的组织出镜率颇高，这正是被称为美国政府"白手套"的美国国家民主基金会（National Endowment for Democracy，简称 NED）。2004 年到 2020 年，NED 向各种"维吾尔组织"提供了 875.83 万美元资金，堪称"世界维吾尔代表大会"（"世维会"）等"东突"组织最大的幕后金主。

1. 作为"幕后金主"，NED 砸下重金要实现什么目标？

被称为"美国第二中情局"的 NED 如此"慷慨"，显然不是为了让几个在国际上声名狼藉之人吃口饱饭。实施颠覆渗透破坏，煽动所谓"民主运动"，服务美国战略利益，才是 NED 的使命和目的所在。NED 时任总裁格什曼曾公开妄称，"中国新疆问题的解决之道是在中国进行另一场"颜色革命"，使中国发生政权更迭，成为一个联邦共和国"，这与美国前国务卿鲍威尔的办公室主任、前陆军上校劳伦斯·威尔克森所作的"中情局想破坏中国的稳定，最好的办法就是制造中国的动荡，利用维吾尔族刺激北京，直接从内部搞垮中国"的表述遥相呼应、如出一辙。

NED 涉疆项目意图非常明显，就是聚焦炒作新疆"人权危机"，配合美西方"以疆制华"。2019 年，NED 涉疆资金 90 万美元，2020 年，达到 124 万美元，重点项目包括："通过艺术互动倡导维吾尔人权"项目，以艺术之名发动境内外"疆独"势力炒热涉疆议题；"人权倡导的文件和研究"项目，构建维吾尔族"人权"数据库，炮制报告抹黑中国涉维吾尔族政策；"维护和倡导维吾尔人的人权"项目和"增强妇女和青年在宣传和公民参与方面的能力"项目，延续 2019 年涉疆工作。

2022 年，NED 资助"中国新疆项目"9 个，金额约 250 万美元，同比增长 100.48%，连续 4 年上升，创历史新高。在项目设置上，分设人权项目和边缘化人群权利项目两个大项，子项目总数较上一年新增 2 个，包括利用新媒体开展宣传和建立"维吾尔人权"数据资源库等内容；在项目分配上，一改往年划分至具体组织的做法，仅作需求化定向，以激发境外"东突"组织之间的"竞争力"，促使其为争取活动资金，更加明目张胆、肆无忌惮开展符合美"以疆制华"战略的反华活动。

2. 在 NED 扶持下，"东突"组织做了些什么？

NED 不仅给予"东突"组织资金支持，还积极调动人脉资源，为"东突"组织各类活动造势。"东突"组织为了向 NED"邀功请赏""表明忠心"，炮制了一系列涉疆谎言，对新疆人权状况肆意抹黑，手段极其下作，毫无底线可言。只要令 NED"主子"开心的事，"东突"组织必然不遗余力、全力以赴。比如："世界维吾尔代表大会"和"人权观察"组织制造并传播诸如"种族灭绝""教培中心关押百万维吾尔人"等涉疆谣言。"中国人权捍卫者网络"（Chinese Human Rights Defenders，简称 CHRD）仅仅采访 8 人，且并未证明这些人所言属实，便基于这样一个荒谬的小样本"研究"，将估算比例应用到整个新疆，粗暴得出 100 万人被拘留在"再教育拘留营"，200 万人"被迫参加白天或晚上的再教育课程"等"结论"，炒作涉疆谣言。"美维协"现任主席阿尔泰经常在社会媒体上发表亲美、仇华言论，支持对华发动"新冷战"，并称"所有国家都应将中国视为罪犯"。疫情期间，"美维协"及其从属机构成员传播极右翼言论，煽动针对亚裔的仇恨，称新冠病毒为"中国病毒"，并污蔑中国向世界发起"病毒战"，"蓄意输出病毒以造成全球大流行病"。

再比如：反华分裂组织"世维会"在美西方反华势力操纵和资助下，纠集一小撮反华分子，成立所谓的"维吾尔特别法庭"，花钱请骗子、买谎言、作伪证。这个所谓"法庭"既无任何法律资质，也不具备任何公信力，为国际社会有识之士所不齿。有社交媒体曝光了疑似所谓"法庭""证人"出场费及分赃比例。在总额为 100700 英镑的费用中，占比最大的是一个姓王的"匿名证人"，获利 43000 磅，此人以"2018 年被派往新疆调查分裂活动的前警察"身份自居，散布大量涉疆虚假信息。正是同一人，却在 CNN 报道中改成了姓江，连 CNN 自己也承认"无法单方面证实其说法"。这样一个"谎言制造机"搞的所谓"最终判决"，就是几个跳梁小丑表演的政治闹剧。

徐贵相：

美国炒作新疆"人权问题"，目的十分明确，大量事实证明，就是为了抹黑中国形象、干涉中国内政、遏制中国发展。接下来，请兰州大学政治与国际关系学院副教授曹伟谈谈看法。

曹伟：

一段时期以来，美国大肆炒作新疆"人权"话题，并以新疆"侵犯人权"为由，接连出台制裁措施，将"维吾尔强迫劳动预防法案"签署成法，目的就是抹黑中国形象、干涉中国内政、遏制中国发展。美国前国务卿鲍威尔办公室主任威尔克森亲口承认，所谓新疆维吾尔族问题，只不过是美国从内部长期搞乱中国、遏制中国的战略阴谋。通过考量美国近年来的涉疆政策，我有以下三点看法：

1. 暴露了美国对华政策的虚伪性

中美两国作为当今世界上具有重大影响的大国，对于维护人类和平与发展的事业具有重大的国际责任。遗憾的是，美国的对华政策是当面一套、背后一套，十分虚伪。2017年以来，美国特朗普政府将中国视为"战略竞争对手"。拜登政府上台后，通过组建美英澳三边安全伙伴关系、组织美日印澳四方安全对话机制、联合"五眼联盟"对华施压等操作，在国际上拉帮结派，图谋纠集反华"小圈子"围堵中国发展，并继续在一系列涉及中国核心利益的问题上肆意挑衅。在涉疆问题上，美国国务院、财政部、商务部、国土安全部等行政部门将中国官员、政府机构、企事业单位列入了各种名目的制裁清单，美国两党议员争先恐后提出各种涉疆反华议案。据不完全统计，2021年，美海关和边境保护局已针对输美涉"强迫劳动"货物发布7项暂扣令，对象包括新疆出产的服装、纺织品等棉花制品，番茄制品，硅基产品，电子产品等，共扣留、没收总价值约4.85亿美元的货物，数量和价值较2020年均大幅增长。自拜登政府上台以来，美国借涉疆问题对华实施制裁的数量和力度已超过特朗普时期。

2. 暴露了美国对华政策的阴险性

美国不断在国际上鼓噪所谓的新疆"强制绝育""强迫劳动""种族灭绝"等议题，正所谓"项庄舞剑，意在沛公"，针对的不仅仅是新疆，而且是整个中国。早在"2020年维吾尔人权政策法案"在美国国会讨论运作之时，"维吾尔强迫劳动预防法案"也开始在国会山酝酿了。2021年7月14日和12月8日，美国参众两院先后分别通过了各自版本的法案。之后参众两院召开联席会议敲定了最终版本的法案，并很快于12

月14日和16日在众参两院再次审议通过，提交拜登总统签署生效，堪称"仓促"。"维吾尔强迫劳动预防法"中所谓"所有涉及强迫劳动生产的商品"的认定范围究竟有多大，裁量权在很大程度上取决于美国政府的执法弹性有多大。不仅新疆辖区内雇用了维吾尔族员工的企业可以被认为存在"强迫劳动"，而且只要和新疆的上述企业发生业务往来的中国境内其他企业也均有可能被纳入制裁范围。同时，只要美国愿意，它还可以联合其西方盟友一起抵制新疆产品，甚至可以动用"长臂管辖"胁迫其他国家加入对新疆的制裁行列。

3. 暴露了美国对华政策的反人道性

近年来，美国对新疆的"人权"议题表现出了异乎寻常的热情，从白宫和国务院发言人到政府部长们，从国会议员到总统，总不忘将"新疆人权"挂在嘴边，似乎将谎言重复一万遍就能变成"真理"。

对新疆的各族民众来说，生存与发展是最大的人权，反对恐怖主义和极端主义、维护社会稳定和长治久安是最大的切身利益诉求。昔日面对南疆数百万急需脱贫致富的各族民众，美国视而不见；面对"东突"暴恐分子制造的一起起恐怖事件和受害者的哭诉，美国不仅充耳不闻，反而转身将恐怖组织"东伊运"移出了美国的恐怖组织名单。

现在美国又以"强迫劳动"为名要剥夺广大新疆民众改善生活和追求幸福的权利。"维吾尔强迫劳动预防法"已经假定只要是雇用维吾尔族员工的企业即可能面临制裁。在它的淫威下，一些企业在权衡利害得失后或将不敢雇用维吾尔族员工，也不敢与那些雇用维吾尔族员工的企业发生业务往来，以避免被美国制裁，这可能造成维吾尔族民众失业率大幅上升和生活水平下降。这恐怕才是美国的反华政客们真正想要看到的"美丽的风景"吧？长此以往，维吾尔族民众将被剥夺发展机会，并在经济生活、社会生活、文化生活、政治生活等各个方面也被迫游离于主流社会之外，成为一个被孤立的群体，这难道不是另一种形式的种族隔离吗？而造成这一切的罪魁祸首正是美国的反华政客。

20世纪末以来，美国在国际上每每以"人权保护"为名，以制止"人道主义危机"为旗号肆意干涉别国内政，甚至发动战争，却又常常造成更严重的人道主义危机，对此，美国连声"对不起"都不说就拍屁股走人了。美国制造的人权灾难令人发指，应该引起国际社会广泛关注。我们呼吁，有关国际组织应对美国制造的人权灾难进行调查，让所有的人看清美国的丑恶面目。

徐贵相:

接下来，进入媒体答问环节。首先，请美国全国广播公司记者提问。

问

美国全国广播公司:

鉴于联合国人权事务高级专员将于本月底前往新疆，请问当地的相关磋商和准备工作是否进展顺利，能否确保她就新疆人权问题进行的实地调查访问是全面、自由、可信且有效的？

答

徐贵相:

联合国人权高专赴疆参访，是在尊重中国主权和法律规定的前提下，同中国新疆地区进行的正常交流活动，不是搞"有罪推定式的调查"。目前，中方同联合国人权高专办正在积极协商访疆安排，具体内容我们也在等待中。新疆各族群众很欢迎巴切莱特女士早日访疆。

当前的新疆社会稳定、经济发展、文化繁荣、民族团结、宗教和睦，天山南北安定祥和，各族群众安居乐业，都在忙着劳动创业、发家致富，奔向共同富裕，这是新疆活生生的现实。新疆是个好地方，新疆的大门也是敞开的，任何人到新疆来，只要不戴"有色眼镜"，就一定能看到一个真实的、可信可爱可敬的新疆。

徐贵相:

接下来，请美联社记者提问。

问

美联社:

数据显示，新疆的监禁率很高，在 2017 年、2018 年，新疆警方逮捕的人员数量庞大。与 2016 年比，2017 年逮捕人数增长了 8 倍。2017 年，新疆法院宣判入狱的人数与上一年相比也增长了 3 倍，为 99326 人。而其中的大多数人（86655 人）被判入狱 5 年或以上。为什么新疆会监禁如此多的人？这种方式是不是专门针对维吾尔族人？

答

伊力江·阿那依提:

我们始终坚持公民在法律面前一律平等，绝不会专门针对特定的地域、民族和宗教，更不会专门针对维吾尔族。在这个问题上，你想歪了。

中国是法治国家，公安机关在案件侦查中，严格依法办理，严禁非法拘禁。司法机关始终坚持以事实为依据、以法律为准绳，坚持疑罪从无、证据裁判、罪刑法定，是什么性质的问题就按什么性质的问题处理，绝不会冤枉一个好人，也绝不放过一个坏人。

中华民族是个大家庭，维吾尔族是这个大家庭的成员，我们各民族都是兄弟姐妹。一些别有用心的人天天盯着维吾尔族，难道他们真的是关心维吾尔族吗？他们只不过是想把维吾尔族当作"政治工具"，挑拨离间、制造矛盾，破坏民族团结，达到"以疆制华"的目的。他们别再做美梦了！

徐贵相：

接下来，请《澳门月刊》记者提问。

 问

澳门月刊：

据报道，联合国人权高专访华之前收到了一些境外组织联署函，敦促立即推迟访问。请问发言人对此有何评论？

答

徐贵相：

联合国人权高专办赴疆参访，这只是国际组织同中国新疆地区进行的正常交流活动。但一些境外组织心怀鬼胎、坐立不安、上蹿下跳，千方百计造谣生事，就是想滋扰搅局，毒化访疆气氛，妄图借此搞政治操弄。他们害怕什么？他们就是怕联合国人权高专看到真实的新疆，从而识破他们的阴谋，戳穿他们的谎言，这才是他们内心最恐惧的地方！既然如此，那就让他们在新疆的真相面前颤抖吧。

徐贵相：

接下来，请法国法兰西广播公司记者提问。

 问

法国法兰西广播公司：

可否告知关于人权高专女士先遣组的信息？他们去了哪些地方？会见了谁？

答

徐贵相：

据了解，先遣组正在广州，按照有关防疫要求隔离，接下来的行程，中国外交部正在与高专办进行协商，目前还不太清楚。

问

中国日报：

　　据了解，"世维会"近来活动十分活跃，声称有关国际组织要不受限制地到新疆调查，请问发言人有何评论？

答

徐贵相：

　　"世维会"是境外"东突"暴恐分裂势力操纵的机构，是美西方反华势力插手新疆事务、遏制中国发展的政治工具，是彻头彻尾的反华暴恐分裂组织。近年来，"世维会"在美西方反华势力授意和支持下，恶意对新疆抹黑攻击，上演了一场场荒唐可笑的闹剧。我们强烈谴责任何国家及人员支持和参与"世维会"及其活动，坚决反对以任何方式插手新疆事务、干涉中国内政。

　　"世维会"与恐怖组织有着千丝万缕的联系，长期炮制涉疆谣言谎言，散播宗教极端思想，煽动暴恐分裂活动。大量事实证明，过去一段时间发生在新疆的很多暴恐案（事）件，绝大多数都有"世维会"的影子。比如，2017年2月和5月，被中国政府认定为恐怖分子的"世维会"头目多力坤·艾沙，分别召开两次所谓"战略研讨会"，提出要统合境外"东突"势力，建立武装力量，为在新疆发动暴力行动作准备；2018年3月10日，"世维会"原头目之一塞依提·土木吐鲁克纠集400名"东突"分子，着军装持枪录制了暴恐视频，扬言对新疆发动恐袭；2019年3月，"世维会"原头目热比娅·卡德尔在网上发布一段音频称，"东突教育与互助协会"与"东伊运"恐怖组织合作，向叙利亚输送"圣战"分子。

　　作为"世维会"的头目之一，茹仙·阿巴斯长期以来一直为美国情报和军事机构服务。美国反华势力甚至将其塑造为所谓"人权活动家"。除此之外，还有多力坤·艾沙、热比娅·卡德尔等人，他们罪行累累，从恐怖组织的头目摇身一变就成了"世维会"的人。他们争先恐后充当美国反华势力攻击新疆的"急先锋"，是不折不扣的恐怖主义代言人。

"世维会"在海外社交媒体平台上掀起了一波又一波对新疆的污蔑，以及虚假信息的传播。"世维会"恶意歪曲事实，一贯利用假证人、假图片、假数据，编造所谓"证据"，在海外散布了大量涉疆"信息"，严重污染了国际涉疆舆论环境，具有极强的虚假性、荒谬性和欺骗性。对于新疆维吾尔自治区政府所做的一切，新疆的各族人民最有发言权。在新疆生活过、走访过的人，才是真实、直接的信息源。然而，一些国家的反华势力对这些信息源视而不见，却对那些谎言笃信不疑。这只能证明，他们并不在乎什么是真相，而是为插手新疆事务、干涉中国内政找借口。

徐贵相
Xu Guixiang

伊力江·阿那依提
Elijan Anayat

亚力坤·亚库甫
Yalkun Yaqup

李 娟
Li Juan

涉疆新闻发

Press Conference on

2022 年 5 月 24 日

May 24，2022

袁勤
Yuan Qin

李娟
Li Juan

徐贵相
Xu Guixiang

伊力江·阿那依提
Elijan Anayat

新疆维吾尔自治区第 74 场涉疆问题新闻发布会实录

2022 年 5 月 24 日，新疆维吾尔自治区举行涉疆问题新闻发布会。

徐贵相:

　　各位记者朋友，大家好!

　　欢迎出席今天的涉疆问题新闻发布会。我是新疆维吾尔自治区人民政府新闻发言人徐贵相。

　　首先，我向大家介绍参加本场发布会新疆方面的人员，他们是：新疆维吾尔自治区人

民政府新闻发言人伊力江·阿那依提，新疆维吾尔自治区人大常委会法工委主任李娟，新疆维吾尔自治区公安厅副厅长亚力坤·亚库甫，新疆乌鲁木齐市中级人民法院副院长袁勤，新疆乌鲁木齐市人民检察院案件管理办公室副主任玉山江·艾山。

　　过去一个时期，新疆深受民族分裂势力、宗教极端势力、暴力恐怖势力的叠加影响，恐怖袭击事件频繁发生，对新疆各族群众生命财产安全造成极大危害。特别是自1990年至2016年间，"三股势力"在新疆策划并组织实施了数千起暴恐案（事）件，造成大量无辜群众被害，财产损失无法估算。面对严峻复杂的反恐形势和各族群众对打击暴力恐怖犯罪、保障生命财产安全的迫切要求，新疆积极响应《联合国全球反恐战略》等一系列反恐决议，在借鉴吸收国际社会反恐经验的基础上，坚持标本兼治方针，一手抓打击，一手抓预防，既依法严厉打击暴力恐怖犯罪，又重视开展源头治理，通过着力改善民生、加强法治教育、加强帮扶教育等多种形式，最大限度保障公民的基本人权免遭恐怖主义和极端主义侵害。在反恐和去极端化斗争中，新疆坚持从实际出发，把保障各族群众根本利益放在首位，从彻底解决各种深层次矛盾入手，探索出了一条依法打击防范恐怖主义、极端主义的路径，为国际社会提供了有益经验。

　　今天的发布会将围绕新疆依法开展反恐、去极端化斗争这个话题进行。

徐贵相:

　　恐怖主义、极端主义在新疆由来已久。早在20世纪初至40年代末，民族分裂势力、宗教极端势力借助"泛突厥主义""泛伊斯兰主义"思潮，试图在新疆建立"政教合一"的"东突厥斯坦"国。在此后相当长的一段时间里，宗教极端主义对新疆的渗透从未停止，暴力恐怖活动时有发生。特别是90年代以后，形形色色的"东突"势力为了达到分裂中国的目的，极力鼓吹宗教极端主义，实施了一系列暴力恐怖活动，给新疆

各族群众带来灾难。

恐怖主义、极端主义的产生有着复杂的国际国内背景，受政治、经济、文化等各方面因素影响，与特定国家、特定地区、特定民族、特定宗教、特定社会制度无关。新疆特别是位于南疆的喀什地区、和田地区、克孜勒苏柯尔克孜自治州、阿克苏地区等4个地州，由于宗教极端主义渗透时间长，影响范围广，毒害程度深，暴力恐怖案（事）件在一段时间内多发频发，并且涉案人员众多，影响群体大，导致反恐、去极端化形势严峻，任务十分艰巨。

宗教极端势力打着民族、宗教的幌子，利用信教群众朴素的宗教感情，借助当地信教人口众多、对外交流不畅、农牧业就业承载有限、信息闭塞、现代科学知识匮乏等客观因素，散布宗教极端主义，致使一部分人丧失了对正常生活和违法行为、正常宗教活动和非法宗教活动的理性辨识能力，对社会发展、公共安全和公民人权带来严重危害，主要表现在这么几个方面：

一是催生暴力恐怖活动。极端势力大肆鼓吹"圣战殉教进天堂"等邪说，煽动宗教狂热，蛊惑信教群众，把一些人变成完全受其精神控制的极端分子和恐怖分子，甚至变成杀人不眨眼的魔鬼，挑唆这些人实施暴力恐怖活动，走上违法犯罪的道路。这也是过去一个时期，新疆暴恐活动多发频发的重要原因。

二是强化信教群众精神控制。极端势力否定和排斥一切世俗文化，宣扬不能看电视、听广播、读报刊，小卖部不能卖烟酒，强迫葬礼不哭、婚礼不笑，禁止人们唱歌跳舞，强制妇女穿戴蒙面罩袍；歪曲炮制所谓"教法、家法"，强迫信教群众将其作为行为准则；蛊惑信教群众，甚至使一些人六亲不认。

三是破坏正常宗教活动。极端势力鼓吹所谓"圣战殉教进天堂"，残害所谓"异教徒""叛教者"，致使当地正常的宗教活动遭到严重破坏，中道正信的宗教人士受到排斥、迫害，甚至被杀害。

四是扰乱社会管理秩序。极端势力煽动群众"除了真主以外不能服从任何人"，教唆信教群众抵制政府管理；鼓吹把一切不遵循极端做法的人都视为"异教徒""宗教叛徒""民族败类"，煽动辱骂、排斥、孤立不信教群众、党员干部和爱国宗教人士；泛化"清真"概念，不仅在食品上，而且在药品、化妆品、服装等物品上都打上清真标签；鼓动推翻世俗政权，妄图建立教法统治的国家。

五是否定现代科学文明。极端势力煽动信教群众抵制学习国家通用语言文字，排斥现代科学知识；鼓吹"来世天定"，蛊惑信教群众拒绝学习掌握就业技能，放弃改善经济条件、提升自我发展能力的机会；无视新疆各民族共同创造的多姿多彩、辉煌灿烂的传统文化，企图割裂中华文化与新疆各民族文化的内在联系。

以上，我从5个方面向大家介绍了过去一个时期宗教极端思想在新疆的主要表现。自治区宗教事务条例对宗教极端思想的表现作出了15个方面的概括，这为有关方面开展反恐和去极端化工作提供了法律依据。

徐贵相：

下面，请大家观看一段视频，讲述的是过去一对夫妻受极端主义影响，非法出境参加"伊吉拉特"的真实经历。

徐贵相：

接下来，请大家继续观看一段视频，了解极端主义对新疆各族群众造成的危害。

徐贵相：

通过这两段视频，相信大家已经了解了极端主义就像一颗阻挠新疆社会发展进步的毒瘤，给新疆各族群众带来了严重危害。接下来，请新疆维吾尔自治区人民政府新闻发言人伊力江·阿那依提介绍相关情况。

伊力江·阿那依提：

恐怖主义、极端主义是人类社会的毒瘤，给人类权利和尊严带来沉重灾难，给世界和平与安宁带来严重威胁。过去一个时期，新疆深受暴力恐怖势力、民族分裂势力、宗教极端势力的叠加影响，恐怖袭击案（事）件频繁发生。暴恐分子疯狂残害普通民众，残忍杀害宗教

人士，严重危害公共安全，公然袭击政府机构，蓄意制造暴乱骚乱。恐怖势力制造的暴力犯罪案件，一桩桩，一件件，充满血腥、令人发指。这些暴力恐怖和宗教极端行为，给新疆各族人民带来了深重灾难，充分暴露了其反人类、反文明、反社会的本质。

亚力坤·亚库甫：

面对严峻复杂的反恐形势和各族群众对打击暴力恐怖犯罪、保障生命财产安全的迫切要求，新疆积极响应《联合国全球反恐战略》等一系列反恐决议，在借鉴吸收国际社会反恐经验的基础上，采取果断措施，有效遏制了恐怖活动多发频发势

头，最大限度保障了各族人民的生命权、健康权、发展权等基本权利。

一、依法惩处恐怖主义、极端主义犯罪

近年来，新疆认真贯彻执行《中华人民共和国宪法》《中华人民共和国刑法》《中华人民共和国刑事诉讼法》《中华人民共和国国家安全法》《中华人民共和国反恐怖主义法》《宗教事务条例》和最高人民法院、最高人民检察院、公安部、司法部联合发布的《关于办理恐怖活动和极端主义犯罪案件适用法律若干问题的意见》，以及《新疆维吾尔自治区实施〈中华人民共和国反恐怖主义法〉办法》《新疆维吾尔自治区去极端化条例》等相关法律法规，对一切侵犯公民人权、危害公共安全、破坏民族团结、分裂国家的暴力恐怖活动，依法进行严厉打击。

具体工作中，一是及时侦查暴力恐怖犯罪。公安机关和检察机关依法行使侦查权，

及时侦破暴力恐怖案件，抓获暴力恐怖犯罪嫌疑人，彰显正义，震慑犯罪。二是及时处置暴力恐怖犯罪。为最大限度地减少人员伤亡和财产损失，公安机关科学配备警力和装备，提升应急反应能力，确保在暴力恐怖案件发生时，能够以最短时间到达现场、最短时间制止犯罪。三是加强重点场所、物品的管理。有关部门指导学校、医院、商场、车站、码头、加油（气）站等人员密集场所配备安保人员、安保设施，有效防范暴力恐怖犯罪；依法管理好炸药等物品，严防被获取利用于暴恐活动。四是开展群众普法教育。公安人员在执法办案和巡逻执勤中，向人民群众宣传法律知识，提高群众法治观念，增强法治意识，帮助群众有效辨别和抵制违法犯罪活动。

二、依法开展去极端化工作

新疆在依法严厉打击暴力恐怖违法犯罪活动的同时，根据《新疆维吾尔自治区去极端化条例》第十七条规定，通过在一些区、县设立职业技能教育培训中心，教育挽救那些感染宗教极端主义、有轻微犯罪行为或违法行为的人员，消除恐怖主义、极端主义的影响，避免这些人成为恐怖主义、极端主义的牺牲品，努力将恐怖主义活动消灭在未发之前、萌芽状态。

新疆的职业技能教育培训中心根本不是什么"集中营"。从设立依据上看，教培中心完全是依据《中华人民共和国反恐怖主义法》《新疆维吾尔自治区实施〈中华人民共和国反恐怖主义法〉办法》《新疆维吾尔自治区去极端化条例》等法律法规进行的。从主要目的上看，就是为了教育挽救那些感染极端主义、有轻微犯罪行为或违法行为的人员，努力将恐怖主义活动消灭在未发之前、萌芽状态。从性质上看，教培中心本质上就是学校，主要开展以国家通用语言文字、法律知识、职业技能和去极端化为主要内容的教育教学。从管理方式上看，教培中心实行寄宿制管理，学员可定期回家，有事请假，有通信自由，人格尊严不受侵犯，充分享有使用本民族语言文字的权利，信教学员回家时可以自主决定是否参与合法宗教活动。从实际效果上看，通过系统培训，学员综合素质得到提升，法治意识明显增强，能够初步使用国家通用语言文字听说读写，掌握了实用技能，就业能力普遍提高，摆脱了恐怖主义、宗教极端主义束缚。2019 年 10 月，参加"三学一去"的教培学员已全部结业，在政府帮助下大都实现了稳定就业，改善了生活质量。

三、坚持反恐去极端化与保障人权相结合，坚决维护各族群众合法权益

新疆在依法开展反恐去极端化工作中十分注重保障人权，始终坚持反恐、去极端化不与特定地域、民族、宗教挂钩。无论是谁，无论是哪个民族，只要触犯中国法律，只要从事恐怖主义、极端主义活动，只要危害人民群众的生命财产安全，都将受到法

律追究。我们严格依照《中华人民共和国反恐怖主义法》规定，尊重公民的宗教信仰自由和民族风俗习惯，禁止任何基于地域、民族、宗教等理由的歧视性做法，坚决防止因反恐、去极端化而发生侵害各族人民群众基本权利的现象。

徐贵相：

在反恐、去极端化斗争过程中，新疆始终高举法治旗帜，不断健全法律体系，为依法开展反恐和去极端化工作提供了法律保障。新疆的反恐、去极端化斗争始终在法治轨道内进行。接下来，请新疆维吾尔自治区人大常委会法工委主任李娟介绍相关情况。

李娟：

新疆地方立法工作严格依照宪法和其他法律确定的原则，紧密结合新疆反恐维稳的立法需求，坚持为了人民、依靠人民、造福人民、保护人民，科学规范立法，为依法开展反恐和去极端化工作提供了法律保障。同时，人大常委会依照法定职责、限于法定范围、遵守法定程序开展执法检查，推动法律法规全面有效实施。

反恐维稳立法方面，我主要向大家介绍 3 个方面内容。一是社会治理领域的地方立法。过去一个时期，大家通过视频也看到了，新疆暴恐案（事）件多发频发，各族人民的生命安全受到严重威胁，基本权利受到严重侵害。面对严峻形势，在充分征求意见，借鉴国际社会做法经验的基础上，新疆制定了中国首部实施反恐怖主义法办法、中国首部去极端化条例，并于 2018 年进行了修订。在去极端化条例中，我们根据工作实际，对极端主义的各种表现进行了梳理归纳，列明了 15 种具体表现，为在实践中处理相关案（事）件提供了明确法律依据；按照宽严相济的刑事政策和教育挽救的方针，完善帮教、安置教育等措施，对设立职业技能教育培训中心作出进一步规定，为新疆依法开展反恐和去极端化工作，保障人民生命权、健康权、发展权提供了法律支撑。二是宗教领域

立法。此前一个时期，宗教极端思想在新疆蔓延，宗教极端势力大肆宣扬宗教极端思想，胁迫信教公民参加非法宗教活动，严重干涉信教公民宗教信仰自由，干扰正常生产生活秩序。为此，新疆制定了自治区宗教事务条例，按照保护合法、制止非法、遏制极端、抵御渗透、打击犯罪的原则，对宗教团体、宗教活动场所、宗教教职人员、信教公民的权益和宗教活动作出规定，切实保障了公民宗教信仰自由，维护了社会和谐、宗教和睦。三是民族领域立法。大家都知道，新疆是个多民族聚居的地区，各民族平等团结、繁荣进步。为持续巩固民族团结成果，新疆制定了自治区民族团结进步工作条例、民族团结进步模范区创建条例，用法治手段深化民族团结进步宣传教育和创建活动，促进新疆各民族交往交流交融，为新疆各民族和谐共处、共享改革发展成果奠定了法治基础。

坚持依法立法方面，在制定反恐维稳相关法律法规的过程中，自治区人大常委会严格按照法定程序立法。这里我讲一个例子。2014年10月，全国人大常委会对《中华人民共和国反恐怖主义法》进行了初次审议后，根据新疆反恐维稳斗争形势需要，当年年底，自治区人大常委会成立制定反恐法实施办法工作领导小组。起草组历时近1年半的时间，数易其稿，其间相继征求自治区法学会及政府27个相关部门、单位的意见，共收到具体修改意见建议71条，形成了办法草案初稿。2015年12月，《中华人民共和国反恐怖主义法》获得通过，并于2016年1月1日起施行。2016年3月，自治区人大常委会召开会议，对我区的实施办法草案进行了初次审议，提出了7条意见。会后，自治区人大常委会派专人赴全国人大常委会法制工作委员会汇报该法规制定工作情况，听取修改意见；派出调研组赴喀什、和田、阿克苏地区和伊犁州调研，召开了由地州、相关县市人大及相关部门和人大代表参加的座谈会，进行了实地了解，根据各方面意见，对办法草案又进行了认真修改完善。最终该办法于2016年7月29日在自治区人大常委会第23次会议上第二次审议通过。

在执法检查方面，我主要向大家介绍3个方面内容。一是对监察和司法工作的监督。自治区人大常委会支持和保证司法机关依法正确行使权力，听取自治区高级人民法院刑事审判、司法公开工作汇报，听取自治区人民检察院侦查监督工作、民事诉讼和执行活动、公益诉讼检查工作报告；督促"两院"严明公正司法，连续4年组织代表就"两院"工作完成情况开展视察、旁听法院庭审，保障人民群众参与司法，促进司法公正。二是围绕民族团结和宗教和谐工作开展监督。自治区人大常委会贯彻实施民族区域自治法，对自治区民族团结进步工作条例实施情况进行检查；对自治区宗教事务条例、自治区去极端化条例进行执法检查，推动运用法治思维和法治方式，依法开展去极端化工作。三是围绕保障和改善民生工作开展监督。自治区人大常委会把促进就业作为保障改善民生的头等大事，开展自治区企业职工工资集体协商条例、自治区职工劳动权益保障条例执法检查；持续开展学前双语教育、义务教育、高中教育、职业教育等方面的监督，督促政府优先发展教育事业，认真研究解决师资短缺的问题等。

徐贵相：

在反恐和去极端化过程中，新疆各级法院坚持法律面前人人平等，充分保障犯罪嫌疑人各项诉讼权益，犯罪分子依法得到公正审判。接下来，请新疆乌鲁木齐市中级人民法院副院长袁勤介绍相关情况。

袁勤：

新疆各级人民法院在审理涉恐案件中，坚持法律面前人人平等，以事实为依据，以法律为准绳，是什么问题就按什么问题处理，坚决维护社会公平正义。各级审判机关坚持罪刑法定、疑罪从无、证据裁判等原则，充分保障犯罪嫌疑人获得公正审判的权利。同时，我们坚持打击犯罪与保护人民相统一的原则，既不冤枉一个好人，也绝不放过一个坏人。

依法保障公正审判。新疆各级法院始终坚持对每个公民在适用法律上一律平等，不与特定地域、民族、宗教挂钩，禁止任何形式的歧视行为。在定罪上，任何人犯罪，无论地位多高、功劳多大，都依法受到刑事

追究；在量刑上，根据犯罪的事实、性质、情节和对社会的危害程度，依法对犯罪分子科以刑罚，确保罪刑相适应。新疆出台侦查人员出庭作证，当事人、辩护人、其他诉讼参与人权利保障的相关规定，坚决防止冤假错案的发生；2021年，排除非法证据26案，宣告16人无罪，准予检察机关撤回起诉56件。

依法保障辩护权。新疆充分保障公民使用本民族语言文字进行诉讼辩护的权利。据统计，新疆现有少数民族法官占全部员额法官的47.1%。新疆研发了汉语、维吾尔语、哈萨克语等多语种语音智能翻译转写系统，实现多语种文书之间的快速文本互译。犯

罪嫌疑人、被告人辩护权得到充分保障，侦查机关、人民检察院、人民法院主动告知犯罪嫌疑人、被告人有权委托辩护人。对于因经济困难或其他原因没有委托辩护人的犯罪嫌疑人，法律援助机构依法指派律师为其辩护。辩护律师可以同在押的犯罪嫌疑人、被告人会见和通信，可以查阅、摘抄、复制案卷，辩护行为受法律保护。

依法保障审判公开。新疆实施司法公开，构建开放、动态、透明、便民的阳光司法机制，建成运行审判流程、庭审活动、裁判文书和执行信息"四大公开平台"，细化公开内容、明确公开形式，保障公民的知情权，除依法不公开的情形外，及时公开案件信息，接受公众监督。据统计，2021年新疆公开裁判文书21.09万份、直播庭审2.54万次，司法公开透明，民主化程度不断提升。

全面提高审判质量。新疆统一全区法院的裁判尺度，规范自由裁量权。一是归纳提炼类案审判经验和裁判方法，制定法律分歧解决机制的实施细则；二是持续完善跨部门、跨审判领域的专业法官会议制度，为疑难复杂、新类型等案件提供咨询意见；三是逐步将审委会的职能重心向审判管理和指导功能转移。近年，一审服判息诉率始终保持在90%以上，二审发改率、信访率长期低位运行。

全面提升审判效率。新疆积极推进刑事速裁程序改革和认罪认罚从宽制度改革，创新构建科学审判管理模式，优化资源配置，依法区分情形适用速裁程序、简易程序、普通程序审理案件，推进繁简分流、轻重分离、快慢分道，做到简案快审，繁案精审；在充分保障当事人诉讼权利的同时，不断提高司法效率，实现公正与效率相统一，让正义来得快、看得见。

徐贵相：

接下来，我们了解一下新疆各级检察机关是如何充分保障诉讼参与人各项权利的。请新疆乌鲁木齐市人民检察院案件管理办公室副主任玉山江·艾山介绍相关情况。

玉山江·艾山：

我叫玉山江·艾山，现任乌鲁木齐市人民检察院案件管理办公室副主任、四级高级检察官。包括我工作的乌鲁木齐检察院在内，新疆各级检察机关在反恐维稳工作中，都遵照宪法、检察院组织法、监狱法、刑事诉讼法、反恐怖主义法等认真履责，严格坚持罪刑法定原则，确保准确、及时查明犯罪事实，准确运用法律惩罚犯罪分子，保障无罪的人不受刑事追究，充分保障诉讼参与人的诉讼权利，全面保护人权，让每个案件都体现公平正义。

依法维护诉讼参与人各项权利。在审查逮捕、审查起诉阶段，检察院都告知犯罪嫌疑人、被告人有权聘请律师、申请法律帮助，有权使用认罪认罚从宽制度，对经济困难无法聘请律师的，我们会通过法律援助中心免费指派辩护律师，并全面保障律师阅卷、会见、独立辩

护等诉讼权利，认真全面地听取辩护律师的意见。检察院在依法讯问犯罪嫌疑人、被告人时，充分听取辩解、诉求等，依法保障犯罪嫌疑人、被告人的诉讼权利。尤其是在庭审中，法院认真听取被告人、辩护律师对证据、事实、法律适用等辩解、辩护意见。法院作出判决后，检察院对法院的判决裁定进行审查，如果确有错误的，依据法律规定向法院提出抗诉的意见，如果被告人提出上诉，那么按照法律的规定法院会启动二审程序等。为了保障犯罪嫌疑人、被告人在侦查、审查起诉、审判等全过程使用本民族语言的权利，我们会专门由懂得该当事人民族语言文字的办案人员承担办案工作。

依法贯彻宽严相济司法政策。办案中，检察院始终坚持严格依法办案，充分履行检察监督职能，把好事实关、证据关、程序关和法律适用关，切实贯彻宽严相济刑事政策；根据法律规定，区分组织、策划、实施暴力恐怖活动和宗教极端违法犯罪活动的首要分子、骨干成员、罪行重大者，以及曾因实施暴力恐怖、宗教极端违法犯罪活动受到行政、刑事处罚又实施暴力恐怖、宗教极端犯罪活动人员，与罪行较轻、危害不大，能认罪悔罪者，未成年人和受蒙蔽、胁迫参加者以及自首、坦白、立功、认罪者，全面、充分考虑犯罪原因、结果、情节、性质、社会危害性等情况，提出从重、从轻处罚的意见。

依法维护服刑人员各项权利。检察院认真检察监督监管场所维护服刑人员生活和卫生权利，监督监狱规范适用保外就医，对患严重疾病的服刑人员"能保尽保"，依法维护罪犯会见权、通信权和其他未被剥夺的合法权利。监区设立了检察官信箱，定期开展接待日活动，对服刑人员控告、举报和申诉，件件登记、调查、处理和反馈。检察院监督监狱和法院依法保障罪犯公平减刑、假释和暂予监外执行权利，对符合减刑、假释条件的罪犯，及时提请、裁定减刑、假释；对服刑罪犯不服刑事裁判的申诉，

注意区分情形，防止把刑事申诉简单视为不具有悔改表现，依法纠正错误和违法减刑假释裁定；监督监狱严厉打击服刑人员违反监规，拉帮结伙、恃强凌弱，殴打、体罚、虐待、强制猥亵、侮辱其他在押人员，抢吃强占，敲诈勒索服刑人员的"牢头狱霸"及苗头；通过以案说法、警示教育、法制宣传，预防和纠正监管人员殴打、体罚虐待服刑人员等违法行为；依法监督纠正监管人员违法使用禁闭、警械具及其他侵权违法行为；加强监管场所安全防范检察，预防监管安全事故发生，维护服刑人员的合法权益。

徐贵相：

为了使大家充分了解新疆依法开展反恐、去极端化斗争取得的成效，我们也采访了有关当事人和辩护律师，请他们讲述亲身经历。下面，请大家观看两段视频。

徐贵相：

新疆开展的反恐、去极端化斗争，符合新疆经济社会发展实际，符合各族群众切身利益和普遍愿望，符合国际社会通行做法，是行得正、做得端的正义之举，完全经得起历史检验。但是，一些媒体不顾过去一个时期新疆各族群众遭受的灾难，不顾新疆依法开展反恐、去极端化斗争的艰辛努力及成果，不顾国际社会形成的广泛共识，仍然大肆歪曲抹黑，发表不实报道，丧失了媒体从业人员应有的职业操守，沦为美国等反华势力的政治工具，我们对此表示不齿。

2018 年底以来，已有 100 多个国家和地区的 158 批团组、2100 多人来疆实地参访，其中包括联合国官员，有关国家常驻日内瓦代表，外国政要，非洲、拉美和加勒比、阿拉伯国家等外国驻华使节，伊斯兰合作组织秘书处官员，有关国际组织驻华机构负责人，以及外国宗教团体、媒体记者、专家学者、"网络大 V"等。他们实地考察宗教场所、教培中心、企业工厂、学校医院等，与基层群众深入交流，亲眼见证了新疆的真实情况，普遍对新疆稳定发展成就和人权保障、反恐、去极端化措施给予积极评价，这是世界上有识之士的共识。

2020 年 7 月，在日内瓦举行的联合国人权理事会第 44 届会议上，白俄罗斯代表46 个国家作共同发言，支持中国在涉疆问题上的立场、做法和成效；2020 年 10 月，近 50 个国家在第 75 届联大三委表示支持中国在新疆地区采取的举措，反对一些西方国家对中国的攻击抹黑；2021 年以来，在历次人权理事会会议上，均有很多国家以共同发言、单独发言、致函等方式，支持中方在涉疆等问题上的正当立场。

新疆在反恐、去极端化方面采取的措施和取得的成效，全世界有目共睹。在此，我们奉劝国际社会一些别有用心的人，睁开眼睛，看一看新疆的真实情况，听一听国际社会有识之士的真实声音。我们也将继续努力，为国际社会反恐、去极端化斗争作出贡献。

接下来，请大家观看一段视频，了解国际社会有识之士到新疆参访之后作出的反应。

徐贵相：

接下来，进入媒体答问环节。

（略）

新疆维吾尔自

专题新闻发

Press Conference on Xinjiang Uyghur Aut

2022 年 6 月 9 日
June 9, 2022

伊力江·阿那依提
Elijan Anayat

徐贵相
Xu Guixiang

June 9, 2022

徐贵相
Xu Guixiang

伊力江·阿那依提
Elijan Anayat

新疆维吾尔自治区第 75 场涉疆问题新闻发布会实录

2022 年 6 月 9 日，新疆维吾尔自治区举行专题新闻发布会。

徐贵相:

各位记者朋友，各位嘉宾，大家好！

欢迎参加今天的新疆维吾尔自治区专题新闻发布会。我是新疆维吾尔自治区人民政府新闻发言人徐贵相。首先，我向大家介绍参加本场发布会的人员。在发布会现

场参加的人员有：新疆维吾尔自治区人民政府新闻发言人伊力江·阿那依提，新疆维吾尔自治区文化和旅游厅厅长阿不力克木·艾则孜。另外，还有10名来自有关方面的群众代表，他们将通过视频连线直播的方式向大家介绍有关情况，他们是：新疆阿勒泰地区喀纳斯景区导游俄日格勒·代里曼，新疆木卡姆艺术团团长地力下提·帕尔哈提，新疆和田市吉亚丽人艾特莱斯丝绸有限责任公司职工布威佐日罕·麦提如孜，新疆焉耆县天塞葡萄酒庄总经理陈立忠，新疆吐鲁番市鄯善县鲁克沁镇电商网红玛伊莱·列提普，新疆喀什古城社区工作人员热则耶·麦麦提、苏比努尔·艾买地江、艾菲番·阿力木江、阿娜克孜·亚生、麦尔哈巴·阿迪力等。

今天的新闻发布会主要围绕"新疆是个好地方"话题来进行。在中国，"新疆是个好地方"这句话可谓家喻户晓、妇孺皆知。之所以说新疆好，好就好在独特壮丽的大美风光，好在和谐安定的社会局面，好在各族群众的美好生活，好在合作共赢的开放理念，好在大有可为的发展前景。经过这些年的努力，新疆已不是过去一个时期暴恐活动多发频发的新疆，更不是美西方一些反华势力所恶意刻画的新疆，而是一个欣欣向荣、繁荣稳定的新疆。新疆的变化很深刻，新疆的故事很精彩，新疆的形象很阳光，这一切都正在具体、充分、生动地展现在世人面前。

正是因为新疆是个好地方，才吸引了各方人士来疆参观访问、投资兴业、旅游观光、安家落户，使新疆这颗丝绸之路经济带上的明珠更加流光溢彩、魅力无限。接下来，请新疆有关方面代表带着大家"云游新疆"，我们一起了解新疆的自然风光、历史文化、风土人情、发展前景，共同感受新疆各族群众的美好生活。

伊力江·阿那依提:

首先，请新疆维吾尔自治区文化和旅游厅厅长阿不力克木·艾则孜介绍新疆文化

旅游的相关情况。

阿不力克木·艾则孜：

新疆地处中国西北，这里风
景如画，物产丰饶，历史悠久，文
化灿烂，人杰地灵，素有"瓜果之
乡""歌舞之乡"的美誉。我想用
4个关键字向大家介绍新疆。

一是"大"。"不到新疆，不
知中国之大"。新疆总面积166万
多平方公里，约占中国陆地面积的
六分之一，东西长约2000公里，南北相距约1600公里。面积之大，造就了新疆山河壮阔、
奇秀多变的大美风光。在新疆，既有广袤草原"风吹草低见牛羊"的壮美，也有塞外
江南"渔舟唱晚"的秀美；既有高山湖泊"湖光秋月两相和"的恬静，又有荒漠戈壁"大
漠孤烟直"的苍凉。地域之大，也造就了新疆各族群众宽阔的胸怀和热情豪爽的性格。

二是"多"。新疆自古以来就是多民族聚居、多宗教并存的地区，维吾尔、汉、
哈萨克、回、蒙古、乌孜别克等56个民族平等团结、共同进步，伊斯兰教、佛教、
基督教、天主教、道教等宗教和谐共处、健康发展。新疆历史悠久，在漫长的历史发
展过程中，中原与西域广泛交往、全面交流、深度交融，造就新疆绚烂多姿的地方文化，
成为中华文化的重要组成部分。多元多彩是新疆文化的魅力所在。在漫漫丝路古道上，
遍布反映不同宗教、不同民族文化的人文古迹，有佛教高僧鸠摩罗什讲经之地克孜尔
千佛洞，有历经百年依旧如新的艾提尕尔清真寺等。多元的特点在新疆饮食文化中体
现得尤为明显，新疆的很多美食既有中华美食文化的精髓，也有中亚地区饮食和欧洲
饮食的一些特点，这使得新疆美食拥有着独一无二的特色，吸引着国内外很多美食爱
好者打卡点赞。

三是"好"。当前的新疆，正处在历史上最好的发展时期之一。稳定红利持续释
放，旅游业发展动力强劲，"新疆是个好地方"文旅融合品牌更加响亮。道路通南北，
飞机达景区，便捷的交通让原本"遥远"的新疆近在咫尺。游客可以在那拉提草原的
晨光里享用哈萨克族传统美食，在喀什古城百年老茶馆品尝维吾尔族特色下午茶，一
日之间领略南北疆不同风情。"好"还体现在新疆各族群众热情好客的精神风貌中。
天山南北各族群众生活富足，怡然自得，脸上洋溢着幸福笑容，欢迎国内外游客到家

里坐坐、看看，尝一尝美食，聊一聊家常。

四是"美"。最后，我要向大家着重介绍新疆的美。世界之美，新疆皆有。春有百花，夏有草原，秋有胡杨，冬有粉雪，每个季节的新疆，都有不同的美。春季的新疆是一片花的海洋，从东至西，由南向北，杏花、梨花、山花依次绽放。伊犁杏花沟万亩杏花一望无际，梨城库尔勒的梨花香飘万里，赛里木湖畔山花烂漫。夏天的新疆热情洋溢，是旅游的"黄金时节"。"冰山之父"慕士塔格峰下湖水清澈宛若明镜，巴音布鲁克草原牛羊成群，列入联合国教科文组织世界遗产名录的天山天池松林郁郁葱葱，风景壮美秀丽。秋天的新疆五彩斑斓，"最美公路"独库公路，一步一风景，十里不同天，轮台县胡杨林一片金黄，美轮美奂，宛如天上人间。冬季的新疆到处是银装素裹，"中国雪都"阿勒泰是国际公认的人类滑雪起源地，乌鲁木齐的丝绸之路滑雪场被誉为"骄阳滑雪"，是我国最温暖的滑雪场，也是第十三届冬运会的主赛场。

我的介绍就到这里。"新疆是个好地方"，欢迎大家来新疆做客。

伊力江·阿那依提：

刚才，阿不力克木·艾则孜厅长向大家介绍了新疆丰富多彩的旅游文化资源。接下来，请大家观看一段视频《新疆是个好地方》，更加直观地认识新疆、了解新疆。

伊力江·阿那依提：

接下来，我们视频连线新疆喀纳斯景区导游俄日格勒·代里曼，请她带我们领略喀纳斯优美的自然风光。

俄日格勒·代里曼：

大家好！我是阿勒泰地区喀纳斯景区导游俄日格勒·代里曼。喀纳斯景区位于中国与哈萨克斯坦、俄罗斯、蒙古国接壤的黄金地带，景区规划面积10030平方公里，拥有8大自然景观区和3大人文景观区。景区旅游资源类型全、品位高、组合好，体现在山水之美、人文之美、神秘之美、体验之美，素有"人间净土"的美誉。

一是山水之美。喀纳斯是寒温带植物基因库，是西伯利亚泰加林中国唯一延伸带，是额尔齐斯河最大支流布尔津河的发源地。在这里，景由时而现，时因景而知，周而复始，神奇隽美。景区内湖泊星罗棋布，白湖、黑湖、双湖、千湖各具特色。自然馈赠三湾美景，绘就恬淡悠远、雄伟壮丽的山水长卷。

二是人文之美。喀纳斯自然景观优美独特，文化景观琳琅满目。这里是蒙古族图瓦人聚居地，保留着禾木、白哈巴、哈纳斯3个图瓦传统村落，会呼吸的房子——木楞屋顶的袅袅炊烟飘荡着人间烟火的味道。禾木百年老屋、喀纳斯图瓦民俗生活馆，带你从历史的长河中感受云间部落的发展变迁、文化瑰宝。

三是神秘之美。喀纳斯是蒙古语，意为"美丽而又神秘的地方"。神秘之处在于地质奇特，气候多变，湖水颜色随季节、天气变化而变化，形成"变色湖"；雨后云雾升腾，轻纱薄雾宛如仙境，云海佛光绝美奇特；湖怪之谜神秘莫测、撩动心弦，吸引无数好奇者一探究竟。

四是体验之美。游客们可以骑马登顶观鱼台，鸟瞰喀纳斯湖全景；乘坐直升机、热气球，置身云海，俯视气象万千的原始森林；乘船游湖，零距离接触冰凉清澈的喀纳斯湖水；天然氧吧中，徒步山林，用脚步丈量美景，用眼睛感受繁华。

我们现在所在的位置是观鱼台。观鱼台台高19米，总重量777吨，结构为两台一亭，可容纳百余人同时观景。顶部为半圆球状，有4个对称的类似于翅膀的奇异造型，有湖怪尾巴和雄鹰翅膀的寓意。观鱼台素有"上山观湖，下山观花"的说法，上观鱼台的沿途可谓一步一景，四季不同。秋季，层林尽染，分布各异的树种呈现丰富多彩的颜色，赤、橙、黄、绿、青、蓝、紫，烘托着山顶耀眼的雪白，投映在翡翠般的喀纳斯湖面，形成一幅色彩夺目的画卷。

下方所见的喀纳斯湖是有名的"变色湖"，在春夏秋三季，湖水会随着季节和天气的变化而变换颜色。就是在一天之中，喀纳斯湖也会由于晴天阴天、云高云低而变换深浅颜色。喀纳斯湖形成于距今约20万年前后，形如弯月，海拔1374米，面积45.78平方公里。它是中国最深的高山淡水湖泊，因"湖怪""云海佛光""变色湖""枯木长堤"四大奇观而蜚声中外。

近年来，喀纳斯被评为中国 5A 级旅游景区、国家森林公园、国家地质公园、中国最美森林旅游景区。著名作家王蒙称喀纳斯是"比遥远更远的地方"。人间净土、寻梦之旅，"净土喀纳斯"诚邀国内外游客到喀纳斯欣赏如诗如画的自然风光，体验独具魅力的民俗文化。

谢谢大家！

徐贵相：

新疆历史悠久，文化底蕴深厚，是东西方文化交流的重要窗口。特别是在古丝绸之路沿线，人文古迹遍布，至今仍焕发着生机，交河故城就是其中的重要代表。交河故城坐落在新疆吐鲁番市。中国早在唐朝时期，就在这里设立安西都护府，管辖当时新疆地区的军政事务，也是当时新疆地区的行政、军事、交通以及宗教中心。得益于吐鲁番市干旱少雨的气候，交河故城被完整保留下来，成为古丝绸之路昔日繁荣的见证。

接下来，请大家观看一段视频，了解交河故城相关情况。

徐贵相：

新疆也是一座文化的花园。新疆高度重视各民族传统文化的保护，各民族传统文化得到了有效的保护传承和发展，在中华文化怀抱中争奇斗艳、绽放光彩。新疆木卡姆艺术就是其中的典型。接下来，我们视频连线新疆木卡姆艺术团团长地力下提·帕尔哈提，请他介绍相关情况，并请大家欣赏新疆木卡姆艺术经典剧目表演。

地力下提·帕尔哈提：

维吾尔木卡姆艺术是流传于新疆各地维吾尔族民众中的各种木卡姆的总称，包含《十二木卡姆》《刀郎木卡姆》《吐鲁番木卡姆》《哈密木卡姆》等四种类型。现代维吾尔语中，"木卡姆"是"古典音乐"的意思。载歌载舞是维吾尔木卡姆最重要的特色，歌唱内容包含哲人箴言、文人诗作、民间故事、地方传说等，是反映维吾尔生活和社会风貌的百科全书。2005年，新疆维吾尔木卡姆艺术入选联合国教科文组织人类非物质文化遗产代表作名录。

新中国成立之后，政府高度重视维吾尔木卡姆艺术的保护传承发展，于1951年、1954年两次抢救性录制维吾尔十二木卡姆。1978年，新疆成立了木卡姆研究室；1989年，成立了木卡姆艺术团。2010年，新疆出台了《新疆维吾尔自治区维吾尔木卡姆艺术保护条例》。同年，政府投资1.2亿元建成木卡姆艺术团综合楼和剧场。综合楼总建筑面积近17000平方米，内有6个舞蹈和音乐排练厅、12间琴房。剧场总面积6600平方米，可以容纳777名观众。

木卡姆艺术团成立以来，整理排演了维吾尔十二木卡姆当中的大量经典剧目，部分剧目参加北京奥运会、上海世博会、香港艺术节演出。艺术团先后出访英、法、德、澳等100多个国家和地区。花坛中间是维吾尔木卡姆艺术的杰出传承人吐尔迪阿洪的雕塑，他对维吾尔木卡姆艺术的收集、记录、整理、保护作出了巨大贡献。

下面请大家欣赏维吾尔木卡姆经典片段表演。

今天表演的第一个节目是女子集体舞"朱拉"。唱词大意为：巍巍天山，阳光灿烂，各族儿女在一起建设美丽的家园；打起手鼓，跳起麦西来甫，金色的秋天，到处洋溢着丰收的喜悦。

……

接下来请欣赏歌乐表演，这是《乌孜哈勒木卡姆》中的经典片段。唱词大意为：那熟透的红苹果，就像情人红扑扑的脸，情人的细语轻声，就像蜜糖一样甜；不论你走到哪里，我都在等待你的召唤，情人啊，离开你我会泪流满面，昼夜把你思念。

……

今天的表演到此结束，谢谢大家。

来过新疆的朋友都知道，色彩艳丽、质地轻盈的艾特莱斯绸是新疆各族妇女最喜爱的服饰原料，如今的艾特莱斯绸已成为新疆民族服饰的代表元素。很多人不知道如此精致漂亮的艾特莱斯绸是怎么做的。接下来，我们将视频连线新疆和田市吉亚丽人艾特莱斯丝绸有限责任公司职工布威佐日罕·麦提如孜，请她介绍艾特莱斯绸织造技艺传承发展情况。

布威佐日罕·麦提如孜：

大家好！我叫布威佐日罕·麦提如孜，是和田市吉亚丽人艾特莱斯丝绸有限责任公司的职工。

我的家乡有很多家庭祖祖辈辈都在做着艾特莱斯绸纺织，他们采用古老的扎经染色法，编制出花纹色彩鲜艳的艾特莱斯绸。艾特莱斯绸制作的衣服是最受女孩子喜欢的，因为它质地柔软，轻盈飘逸，色泽十分艳丽，包含着维吾尔族人民对美好生活的热爱与追求。

我上初中的时候，看到叔叔阿姨们在抽丝纺织，只见白白的蚕茧丝一点一点地在他们手中纺成织布的线，这让我好奇不已。每天下午一放学，我就会跑到艾特莱斯织布机前，看叔叔阿姨们抽丝纺织。毕业后，我应聘到了吉亚丽人艾特莱斯丝绸有限责任公司，成了一名解说导游。

转眼间，我已在公司工作了 14 年。能从事自己喜欢的工作，是一件非常幸福的事。这么多年，我对艾特莱斯绸独特的感情从未减弱过。

2008 年，艾特莱斯绸列入国家级非物质文化遗产名录。当时，我开心得好几天睡不着觉，我知道这意味着艾德来斯绸工艺从此能得到更好的保护和发展。作为一名艾特莱斯人，我感到骄傲和自豪。

然而，传统工艺的艾特莱斯绸的发展也面临着挑战，例如产品样式陈旧、花纹设计过时、传统染色方法易褪色、销路狭窄等问题。

为了让这个"丝绸之路上的活化石"重新焕发光彩，政府邀请苏州、杭州等地优秀丝绸纺织专家与本地艾特莱斯绸纺织技艺传承人一起给从业人员面对面传经验、手把手教方法。大家不断改进工艺、创新设计，现在开发出了艾特莱斯衍生品领带、手提包、钱包、抱枕、围巾等 20 余种产品。

打开市场，艾特莱斯才能走得更远。搭乘乡村旅游的东风，和田市对吉亚丽人艾特莱斯绸加工厂进行了升级改造，按照传统工序，新建了抽丝间、染料间、产品展示间等功能齐全的生产基地，并成功入选国家 3A 级旅游景区，一年四季游客不断。艾特莱斯绸在网络平台上也亮了相，提高了知名度，产品远销北京、上海、广州等全国各地。

艾特莱斯绸产业的蓬勃发展，吸引了不少青年返乡创业就业，有的开办工作室，有的成立合作社，有的进入工厂当了技术员，许多吉亚人靠着艾特莱斯绸吃上了"旅游饭""文化餐"。

如今，乡亲们的收入越来越高，未来的生活一定会像艾特莱斯一样绚烂多彩。

徐贵相：

各位记者，各位嘉宾，除了艾特莱斯绸，新疆还有很多宝物，比如葡萄酒。优越的自然地理气候条件，造就了新疆葡萄的优良品质，也为葡萄酒产业发展奠定了基础。接下来，我们视频连线新疆焉耆县天塞葡萄酒庄总经理陈立忠，请她介绍当地葡萄酒产业发展情况。

陈立忠：

大家好，我是天塞葡萄酒庄总经理陈立忠。天塞酒庄成立于 2010 年，位于新疆焉耆县七个星镇。"天塞"，寓意为"天山脚下，塞外庄园"。

从北京来到新疆开办酒庄，我主要看中了这个地区的两个优势。一是新疆悠久的葡萄酒文化，2000 多年前这里的人们就掌握了葡萄酒酿造技艺。"葡萄美酒夜光杯，欲饮琵琶马上催"，历史上，新疆出产的葡萄酒通过"丝绸之路"行销海内外，美名远播四方。二是新疆优越的风土条件。新疆处在北纬 30 度至 50 度范围内，纬度、气候、光热和水土等条件十分适合酿酒葡萄生长和葡萄酒酿造，素有葡萄酒"黄金产区"的说法，常常与法国的波尔多相提并论。我们常说，好的葡萄酒都是种出来的。下面，请由我们的员工阿不拉·吐尔逊为大家介绍葡萄种植的情况。

【场景】葡萄种植园

【介绍人】天塞酒庄葡萄园管理工阿不拉·吐尔逊

大家好！我是阿不拉·吐尔逊。我们这里家家户户都会种葡萄，房前屋后都有葡萄架，但酿酒葡萄对我们来说却是个新鲜事物。在成功应聘到酒庄后，技术员给我们上的第一堂课，就是酿酒葡萄与鲜食葡萄在农田管理、采摘时节上的不同。比如酿酒葡萄对采摘时间有严格要求，采摘过早，无法攒够足够的糖分，采摘过晚糖分又过高，酸度过低，都会影响葡萄酒的质量。所以每年到了葡萄丰收的季节，这里都是一片忙碌景象，庄园会季节性聘用周边老百姓帮忙采摘，既与大家分享收获的喜悦，也能帮助他们提高收入，一个多月下来能挣 7000 至 8000 元呢。

我们酒庄主要种植的是赤霞珠、西拉、马瑟兰，非常适合我们这儿炎热的气候和沙砾土质，葡萄成熟得特别好，酿出的葡萄酒香味浓郁，口感非常好。下面，请我的同事田秋向大家介绍葡萄酒储藏情况。

【场景】葡萄酒酒窖

【介绍人】天塞酒庄会员部经理田秋

大家好！我是天塞酒庄会员部经理田秋。葡萄酒储藏有非常严格的条件要求，比如温度、湿度、光线等。一些细微的环境改变，都有可能影响葡萄酒的口感。天塞酒庄酿酒团队是一支汇聚了中外精英的国际化团队，我们创立伊始就坚持要还原风土，体现新疆葡萄酒的独特风情。做精品酒、有个性的酒、国际化的酒，是我们的重要理念。

新疆有着非常悠久的葡萄酒酿造历史。我们充分借鉴、吸收各种酿造技艺，形成了属于天塞的独特口感。天塞酒庄葡萄种植地三面环山、一面临湖，为我们的葡萄增加了特别的风味。在英国伦敦举办的国际葡萄酒大赛中，我们生产的天塞精选赤霞珠干红获得铜奖。下面，请陈立忠女士继续向大家介绍酒庄其他情况。

【场景】酒庄文旅基地

【介绍人】天塞葡萄酒庄总经理陈立忠

近年来，新疆旅游业发展势头强劲，国内外的游客纷至沓来。天塞酒庄将 2800 亩戈壁化作葡萄绿洲，打造出集葡萄种植、葡萄酒酿造、主题观光旅游、葡萄文化推广功能于一体的体验式酒庄。"天边文旅小镇"田园综合体项目也已稳步实施。游客可以在此品尝新疆特色美食，品鉴新疆地产红酒，领略新疆优美风光。葡萄酒产业也成为当地群众增收致富的重要产业之一。

伊力江·阿那依提：

接下来，我们视频连线新疆鄯善县鲁克沁镇电商网红玛伊莱·列提普，请她带我们看一看当地哈密瓜产业发展情况。

玛伊莱·列提普：

大家好！我叫玛伊莱·列提普，是土生土长的鄯善县人。我很自豪地向大家介绍，我们镇是吐鲁番哈密瓜、葡萄的故乡和吐鲁番木卡姆的发源地，是中国历史文化名镇"甜蜜小镇""音乐小镇"。

我正站在鲁克沁镇沙坎村瓜农倪其亮的瓜地里。倪其亮今年种植了 160 亩哈密瓜。大家看，这里正忙着采摘哈密瓜。（摘一个给大家看看）像这样的哈密瓜，瓜上面网纹特别多、非常细，我们就知道这个瓜已经熟了。（切开一个瓜，吃一口，给大家展示）果然，这个瓜吃起来真是又甜又脆。

说起哈密瓜名字的由来，还有一段历史故事。清朝康熙年间，新疆哈密王携鄯善县产的瓜进献康熙皇帝。康熙吃后觉得香甜可口，就问这瓜是哪里来的。随从回答是哈密王进贡的。康熙脱口而出，赐名"哈密瓜"。目前哈密瓜由吐鲁番和哈密两地共享原产地证明商标权，并荣获国家地理标志保护产品称号。

鄯善县位于吐鲁番盆地，开春时间早，升温特别快，是新疆哈密瓜成熟最早的地方。采用拱棚栽培技术后，哈密瓜成熟时间又提前了半个月，市场优势更加明显，有效提高了瓜农的种植收益。

吐鲁番自然条件独特，气候条件优越，盆地干燥少雨，日照和无霜期长，光热资源丰富，是著名的"葡萄瓜果之乡"，1000 多年前这里已经种植哈密瓜了。这里盛产的哈密瓜，整齐美观，含糖量高，味甘如蜜、奇香袭人，风味独特，还有清凉解暑、生津止咳的作用。天然、绿色、环保、无污染的生长种植条件，天山融化雪水浇灌，使这里的哈密瓜病虫害较少。据了解，今年吐鲁番春季哈密瓜种植面积 9 万多亩，预计产量 15 万吨，目前已经陆续上市，进入销售旺季。吐鲁番哈密瓜主要有西州密、纳斯密、青花蜜、金蜜、翠甜等近 40 个品种，品质好，网络宽，市场销售看好，也带动了哈密瓜的种植规模不断扩大。每年 6 月开始到 9 月，瓜商、果商从全国各地来到这里。从县城到乡镇、集市到瓜田，到处是采摘和拉运的车辆，空气中到处都飘洒着甜蜜的味道，一片丰收景象。

为了降低哈密瓜生产成本、提高种植收益，当地政府组织瓜农成立专业合作社，推广精深加工，延伸产业链，提升加工转化增值；依托新疆农科院哈密瓜研究中心和国家西甜瓜产业技术体系，加大哈密瓜新品种、新技术、机械化栽培和良种推广力度，实行轮作休耕、增施有机肥，促进了哈密瓜产业高质量发展，形成了年加工 2 万吨和冷藏保鲜 20 多万吨的能力，使哈密瓜等特色农产品热销全国各地。

欢迎世界各地的朋友来我们新疆，品尝葡萄、哈密瓜，领略这里香甜的瓜果，感受生活的甜蜜滋味。

徐贵相：

不到喀什不算到新疆。喀什古城已成为新疆的一张名片，也是著名的网红“打卡”地。喀什古城改造充分保留了传统文化特色、改善了居民生活条件，受到了联合国教科文组织的充分肯定。接下来，请大家观看一段视频，了解喀什古城改造相关情况。

徐贵相：

接下来，我们视频连线新疆喀什古城社区工作人员热则耶·麦麦提和她的同事们，请她们带大家实地看一下现在喀什古城的情况，感受喀什古城的魅力和风采。

苏比努尔·艾买地江：

喀什是一座开放的现代文明城市，是一座民族文化浓郁的千年古城，有着悠久的历史和灿烂的文化。清朝《回疆志》记载：喀什占地不到320亩、方圆3里，城门6座。后来城区扩大到现在的规模，形成东南西北4个入口。我们现在所处的位置就是古城的东门。以前的喀什古城，垃圾靠风刮，解手房顶爬，水管墙上挂，污水靠蒸发；现在的喀什古城不但挂上了5A级景区的“金牌子”，居民也过上了好日子。我们身后正在举行入城仪式。喀什古城每天上午、下午都会举行开城仪式，欢迎远道而来的客人。

现在我们走在喀什古城最繁华的街道——印象一条街上。喀什古城是国家5A级景区，同时这里也是居民的生活区，居住有2万多个家庭，是活灵活现的民俗博物馆。

喀什古城至今已有2000多年历史，是古丝绸之路上的封疆要地，也是多元文化荟萃之地。现在这条路叫阿热亚路，全长600多米，是巴扎一条街。“巴扎”就是集市的意思。这条街有各类商户200多家。

这里就是花盆巴扎，也叫土陶市场。大家可以看到颜色鲜艳、各式各样的土陶产品，给土陶上色的颜料取自本地纯天然的植物和矿物质。土陶耐高温、透气性好，用途非常广泛，可以用来作餐具，也可以用来作花盆，还可以当做工艺品。

我们常说喀什旅游世间独有。这里有独有的手工艺文化、建筑文化、饮食文化、服饰文化等。大家可以看到古城外墙采用的就是维吾尔族传统的砖雕艺术，这是用手工打磨而成的。旁边这家最古老、最具特色的店铺，是传统钉马掌的店。店的主人是第三代传承人，门口这个 H 型木架，是钉马掌时绑马用的架子。喀什是古丝绸之路重镇，古时商人路过喀什时，会在这里歇脚，给马钉马掌。

现在的古城街道非常宽敞，古城建筑是 2 层或者 3 层结构。最底下的一层是商铺，当地居民可以开手工艺品、旅游纪念品店或接待游客来增加收入。第 2 层、第 3 层多用于居住。

现在我们来到的是阿力亚·努尔麦麦提的家。他们家中有 6 口人。她和父母开了一家服装店，哥哥、嫂子都是教师，侄子在上幼儿园。

古城居住着 2 万多户家庭，4 万多人，人口十分密集。和阿力亚·努尔麦麦提一样的老城原居民家中的老房子大多是房连房、房挨房，且都是土木、砖木结构，居民靠煤炭、木炭做饭，存在严重的火灾隐患。喀什老城区地处 6 至 7 度地震带，土木、砖木结构的民居达不到现行抗震要求。2010 年，国家投资 70.5 亿元全面启动喀什市老城区保护综合治理工程。

保护工程没有大拆大建，而是传承维吾尔族人的传统，保留原来的建筑风格，最大限度地保留这座千年古城的历史文化风貌。现在古城的巷道变得宽敞了，家家户户接通了自来水、用上了天然气，居住环境变好了，生活质量提高了。阿力亚·努尔麦麦提一家的房屋保护前建筑面积 320 平方米，保护后 400 平方米，房子比以前更大更宽敞了。

艾菲番·阿力木江：

大家好！我现在所处的位置是喀什古城的花帽巴扎。朵帕（花帽）是维吾尔族人民精心制作的民间工艺品，也是新疆维吾尔族群众日常生活中喜爱的一种装饰物品。维吾尔族花帽形式多样，主要有巴达木花帽、塔什干花帽等 18 种。我们会根据年龄、性别、喜好选择戴不同的花帽。

这是巴达木花帽，上面有新疆最著名的坚果巴达木，这是我们年轻人喜欢戴的。这是维吾尔族妇女婚礼盛会时候戴的花帽，上面点缀了宝石、玛瑙等多种装饰品。一般来说，青少年的花帽活泼、装饰丰富，成年男人的花帽外观淡雅朴素，老年人的花帽则凝重端正。这里还有一种花帽艾——艾特莱斯花帽，上面就是新疆有名的丝绸艾特莱斯。这种花帽后面会有一串小辫子，适合维吾尔族女孩戴，看起来更加漂亮。

麦尔哈巴·阿迪力：

大家好！我现在所在的位置是喀什古城百年老茶馆。当地的居民很喜欢在这里品茶、聊天，大家不管是不是彼此认识都很融洽。维吾尔族的茶文化历史悠久，茶馆会根据季节不同，调制不同药性的药茶、花茶，还有传统的砖茶。茶馆还会提供各种各样的特色小吃。

阿娜克孜·牙生：

主持人好，大家好！我现在所处的位置是喀什古城景区油画一条街。这条街有画廊 50 多家，是喀什本地艺术家、书法家创作的园地。接下来我们就走进画廊里面欣赏一下大家的作品。我们对面的老师正在创作的是新疆十二木卡姆艺术表演场景。这里的作品基本都是以呈现新疆悠久历史或人们的真实生活状态为主题的。我手上的这个葫芦也是一件工艺品，葫芦谐音"福禄"，寓意着我们的生活更加美好幸福。

热则耶·麦麦提：

大家好！现在所处的位置是罕巴扎美食一条街。喀什被誉为"瓜果之乡"。大家会看到，瓜果一条街上有很多种类的哈密瓜、软糯的老汉瓜，还有补铁补血、美容养颜的石榴汁。这是大家熟知的麻仁糖，用蜂蜜、干果等制成。

接下来是干果一条街，这里有葡萄干、杏干、巴达木、核桃等新疆本地特色干果。美食一条街有很多新疆传统美食，比如羊肉串、面肺子、肚包肉，还有牛蹄筋、羊蹄筋等。在品尝新疆特色美食的同时，想来一杯冰凉爽口的饮料怎么办？接下来我给大家介绍喀什当地特色手工酸奶刨冰"撒郎道克"，这也是这条街最热的打卡点。师傅将手工制作的酸奶和冰混合成一杯冰凉可口的"撒郎道克"。说到维吾尔族美食，自然离不开我们待客时必不可少的馕和馓子。馓子和面的水是花椒、生姜等调料熬制的。大家可以看到馓子通过油炸成型，颜色金黄，非常漂亮，吃起来也很美味。

我的介绍就到这里，谢谢大家。欢迎大家到喀什古城观光旅游做客。

徐贵相：

　　各位记者朋友、各位嘉宾，以上我们用将近2个小时的时间，邀请大家"云游新疆"，感受大美新疆的优美风光、民族风情、多彩文化。我们诚挚邀请各方人士到新疆来实地参访，亲眼观察新疆的现实生活，亲耳聆听新疆各族群众的生动故事，亲身感受大美新疆的无穷魅力。我们更希望同各方进一步加强沟通交流、对话合作，为维护区域性社会稳定和经济发展作出应有贡献。

　　本场新闻发布会到此结束。谢谢大家。

新疆维吾尔自
专题新闻发布

Press Conference on Xinjiang Uyghur Autono

2022 年 6 月 24 日
June 24, 2022

徐贵相
Xu Guixiang

伊力江·阿那依提
Elijan Anayat

新疆维吾尔自治区第 76 场涉疆问题新闻发布会实录

2022 年 6 月 24 日，新疆维吾尔自治区举行专题新闻发布会。

徐贵相：

各位记者朋友，大家好！欢迎参加新疆维吾尔自治区专题新闻发布会。我是新疆维吾尔自治区人民政府新闻发言人徐贵相。首先，我向大家介绍参加本场发布会的人员。他们是：新疆维吾尔自治区人民政府新闻发言人伊力江·阿那依提，新

疆警察学院副院长吾买尔江·那买提，新疆维吾尔自治区总工会副主席陈忠宽，新疆维吾尔自治区棉花协会会长吴胜，新疆中泰化学股份有限公司工会主席尚晓克，新疆发展研究中心特约研究员哈米提·阿布都热黑，新疆师范大学政法学院副教授阿不都米吉提·吾买尔，新疆师范大学心理学院教授买合甫来提·坎吉，新疆医科大学医学工程技术学院副院长努尔尼沙·阿力甫。

目前，联合国人权理事会第50届会议正在日内瓦举行，古巴代表近70个国家作共同发言，20多个国家单独发言，都表示支持中国。国际社会普遍认为，新疆事务是中国内政，反对将人权问题政治化，反对实施双重标准，反对以人权为借口干涉中国内政。但美西方一些国家打着人权的幌子，大肆污蔑抹黑新疆人权状况，严重违背了国际法和国际关系基本准则，对此，我们表示强烈反对。今天的新闻发布会将围绕"新疆尊重和保障人权的理念和实践"主题，向大家介绍相关情况。

中共十八大以来，新疆坚持以人民为中心的人权理念，坚持"人民幸福生活就是最大的人权"，坚持发展为了人民，发展依靠人民，发展成果由人民共享，着力解决人民最关心最直接最现实的利益问题，各族人民的获得感、幸福感、安全感显著增强。

我们认为，人权状况好不好，关键是看广大人民的根本利益是否得到维护。新疆始终把生存权、发展权作为首要的基本人权，依法打击恐怖主义，坚决维护社会安定，积极推动经济高质量发展，努力实现人的全面发展和社会全面进步。当前的新疆，各族群众有了更安全的社会环境、更完善的教育、更稳定的工作、更满意的收入、更可靠的社会保障、更高水平的医疗卫生服务、更舒适的居住条件、更优美的生活环境。这是对新疆人权成就的生动诠释、有力实证。

我们认为，人权发展道路必须根据国情和人民愿望来决定。我们把人权普遍性原

则和新疆实际结合起来，从新疆基本区情和各族人民需求出发推动人权事业发展，确保各族人民依法享有更加广泛充分、真实具体、有效管用的人权。新疆的人权道路，是新疆各族人民走出来的；新疆的人权事业，是新疆各族人民干出来的；新疆的人权发展成果，也是由新疆各族人民共享的。新疆各族人民是新疆人权事业发展进步的参与者、受益者、拥护者。

我们认为，法治是人权最有效的保障。我们坚持法律面前人人平等，把尊重和保障人权贯穿于立法、执法、司法、守法各个环节。我们全面推进依法治疆，确保各项工作始终在法治轨道上运行，保障各族人民参与民主选举、民主协商、民主决策、民主管理、民主监督等活动的基本政治权利，保障各族人民经济、文化、社会、环境等各方面权利。新疆人权法治化保障水平不断提升。

我们认为：人权没有最好，只有更好；没有完成时，只有进行时。一些西方国家陷入政党恶斗、政府失信、社会失序、疫情失控的困境，政治极化、贫富分化、族群对立不断加剧，种族主义、民粹主义、排外主义大行其道，人权灾难令人震惊。但他们却打着所谓"普世人权""人权高于主权"等旗号，利用人权问题大肆干涉他国内政。

美西方一些国家不但不承认新疆人权事业发展进步的事实，反而蛮横无理地认定新疆犯下了所谓的"种族灭绝罪""反人类罪"，这是霸权主义、强权政治的表现。什么是"种族灭绝"，什么是"反人类罪"，联合国《防止及惩治灭绝种族罪公约》等有关国际法规定得清清楚楚。美西方一些国家，他们有什么依据来给新疆人权状况下定义？他们有什么资格对一个主权国家的地区事务指手画脚？他们为什么不用这种定义和标准去衡量一下本国的人权状况？他们这么做，就是要绞尽脑汁地编织一出瞒天过海的谎言，掩盖一场诡计多端的阴谋，实现不可告人的目的，这就是扰乱新疆、遏制中国，维护霸权。

下面，请伊力江·阿那依提先生继续主持。

伊力江·阿那依提：

接下来，请新疆警察学院副院长吾买尔江·那买提介绍新疆在反恐斗争中人权保障的情况。

吾买尔江·那买提：

围绕新疆反恐斗争中的人权保障主题，我向大家介绍两个方面内容：

第一，新疆反恐斗争的根本目的就是更加充分地保障人权。任何恐怖主义行为，不论其动机为何、在何时发生、由何人所为，都是不可开脱的犯罪行为。世界人权大会通过的《维也纳宣言和行动纲领》明确指出，恐怖主义行为、手段和做法的一切形式和表现，是旨在摧毁人权、基本自由和民主的活动。恐怖主义对人权的直接侵害，表现为恐怖分子针对

平民大量实施恐怖活动，侵害生命健康权。恐怖主义危及发展权，一些恐怖活动多发、频发的国家，饱受恐怖袭击的侵扰，民不聊生，经济处于严重衰退中，人的发展权完全无法得到保障。不解决恐怖主义问题，发展权就难以得到有效保障和稳步提升。事实表明，恐怖主义是人权保障的天敌，打击恐怖主义不是侵犯人权，而是为了保障人权。恐怖主义是世界范围内存在的现象，消灭恐怖主义不是一国之事，而是各国的共同责任。新疆的反恐怖主义斗争在吸收借鉴国际社会经验的同时，坚持从中国和中国新疆的实际出发，把保障各族人民根本利益放在首位，从彻底解决各种深层次矛盾入手，积极探索依法打击防范恐怖主义的有效路径，最大限度地保障各族人民免受恐怖主义和极端主义的侵害，完全符合相关国际公约精神，受到了国际社会的广泛认可。

第二，新疆反恐斗争实践完全遵循法治原则，符合法治要求。

——符合平等性原则。《中华人民共和国反恐怖主义法》规定：在反恐怖主义工作中，应当尊重公民的宗教信仰自由和民族风俗习惯，禁止任何基于地域、民族、宗教等理由的歧视性做法。在依法打击暴力恐怖活动过程中，新疆各级司法机关始终坚持法律面前人人平等，以事实为依据，以法律为准绳，是什么问题就按什么问题处理，坚决维护社会公平正义。各级审判机关坚持罪刑法定、疑罪从无、证据裁判等原则，充分保障犯罪嫌疑人获得公正审判的权利。在定罪上，任何人犯罪，无论地位多高、功劳多大，都依法受到刑事追究；在量刑上，根据犯罪的事实、犯罪的性质、情节和对社会的危害程度，依法对犯罪分子课以刑罚，确保罪刑相适应。

——实现了过程正义。新疆各级司法机关在涉暴恐类案件判决过程中，不仅

确保结果公平公正，符合实体法的规定，而且还让当事人感受到判决过程的公正，符合法定程序。诉讼活动的开展，严格尊重法定程序，遵守法律关于职权范围的划分，如管辖权、采取强制措施的不同权力的划分，严格遵守法律设定的权力行使的条件、程度和限度。比如，违反法定程序收集证据，不作为定案根据。采取刑讯逼供等方式非法收集的犯罪嫌疑人、被告人供述不作为证据采纳。比如，新疆各级司法机关在办理、审理案件时，充分征求犯罪嫌疑人的意见，有能力聘请律师的犯罪嫌疑人自行聘请律师，因经济困难等原因无法聘请律师的，相关部门指派律师为他们提供辩护，最大限度保障犯罪嫌疑人的辩护权。比如，新疆各级司法机关在审理过程中，充分保障了犯罪嫌疑人用本民族语言进行诉讼的权利。法庭优先安排通晓当地少数民族语言文字的法官审理反恐案件；对不通晓当地通用语言文字的犯罪嫌疑人，会将开庭通知、传票、裁定、判决书、调解书、有关决定都翻译成少数民族语言；为不懂当地民族通用语言文字的犯罪嫌疑人提供翻译；在裁判文书的制作和送达过程中，也保证用少数民族语言文字制作裁判文书，并送达犯罪分子。

——体现了措施正当性。境外有种子，境内有土壤，网上有市场，这是过去一个时期新疆暴恐活动多发频发的主要原因。新疆恐怖势力受境外操控特征明显。长期以来，"东伊运"为达到将新疆从中国分裂出去的目的，策划实施了一系列恐怖袭击。新疆采取更加行之有效的举措，阻断境外"三股势力"与境内勾连的通道，完善学校、医院、商场、车站、加油（气）站等人员密集场所监控、护栏等安防设施，其目的都是打击恐怖势力、防范恐怖袭击，保护人民生命安全。需要特别说明的是，在上述措施实施过程中，相关部门充分保障了公民的隐私权、通信自由等各项权益。至于一些海外疆籍人员声称与境内亲属"失联"，经过分析，一般有三种原因：一是个别海外疆籍人员参加了"东伊运"之类的恐怖组织，疆内亲属不愿与他们联系；二是海外境外疆籍人员亲属，因为涉嫌杀人、贩毒、抢劫等刑事犯罪被公安机关刑事拘留，依照法律规定暂时不能联系；三是个别海外疆籍人员受"三股势力"蛊惑、胁迫，故意编造所谓"失联"谎言。

毫无疑问，中国新疆反恐怖主义斗争，是国际反恐斗争的重要组成部分，为国际反恐斗争作出了重要贡献。新疆依法预防和打击恐怖主义、极端主义，维护了社会稳定，促进了文明进步，彰显了社会主义法治精神，也是依法治疆的具体体现，满足了人民对安全稳定生产生活环境的殷切期盼，最大限度地保障了各族人民群众的基本权利，是正义之举，已有越来越多国际社会人士给予公正客观的评价。

陈忠宽：

今天，我给大家介绍两方面的情况，一是新疆工会组织的情况，二是新疆企业用工、职工权益保障方面的情况。

新疆维吾尔自治区工会是职工自愿结合的工人阶级群众组织，基本职责是维护职工合法权益、为各族职工服务。按照习近平主席提出的"哪里的职工合法权益受到侵害，哪里的工会组织就要站出来说话"要求，全区 3.25 万个工会组织依法维护职工的合法权益。

我毕业后就当工人，在企业工作了 32 年，当过钢铁工人，干过钳工、焊工、车工，做过班长、工程师，亲身经历了新疆工人合法权益保护不断提升的过程。在工会，我们组织各级工会干部每月至少一半时间深入各类企业走访职工，主要是摸排劳动法和劳动合同法的贯彻执行、劳动合同签订、工资集体协商、女职工特殊权益保护等方面的情况，帮助、指导职工与企业依法正确签订劳动合同。我们与新疆律师协会成立了维护职工权益律师志愿团，有近 1000 名成员，免费为职工提供咨询及法律服务。

给大家举个例子。去年，我到一家纺织企业调研。因为美西方反华势力造谣污蔑造成的恶劣影响，该企业出口产品订单直线下降，被迫停工停产，只能给以维吾尔族为主的各族职工发放基本生活费。幸亏该企业及时转型，将产品投向国内市场，才避免了 300 多名各族职工失业。一名在这家企业工作了 12 年的维吾尔族女职工告诉我说，她不知道美西方反华势力所谓的"强迫劳动"强迫了谁，但美西方反华势力正在强迫她失去劳动的机会、就业的机会，强制掐断了她通过劳动获得收入，享受幸福生活的机会！

据有关机构统计，新疆有近 1500 家企业通过了 ISO14000 环境管理体系认证，还有近 1500 家企业通过了 ISO18000 职业健康安全管理体系认证。大家知道，凡是通过以上两个认证的企业，均在劳动保护、工作环境、劳动报酬、职业健康管理等方面得到国际标准化组织认可。由此可见，美西方反华势力所谓的"强迫劳动"完全是歪曲事实、干涉中国内政、破坏新疆发展，纯属无稽之谈。

除此之外，我们还看到，企业和政府为职工营造了舒适的工作生活娱乐环境，在产业工人密集的工业园区等建成并投入使用 500 多座工人俱乐部，建成 2020 个户外劳动者服务站和 4622 家女职工休息哺乳室，服务以农民工为主体的户外劳动者近 1000 万人次。为丰富职工文化娱乐生活，厂区普遍设有职工文体活动室、职工书屋等活动场所，配有篮球、排球、足球等文体用品，工作之余还开展文艺晚会、联谊会等娱乐活动。

可以说，新疆各族职工的各项合法权益都得到了充分的保障，实现了自由劳动、体面劳动、幸福劳动；新疆的广大劳动者都有选择职业的自由，去什么地方、干什么工作都出于自己的意愿，人身自由从未受到任何限制；新疆籍少数民族务工人员的宗教信仰、民族文化、语言文字等方面的权益均得到充分保障。

伊力江·阿那依提：

接下来，请新疆维吾尔自治区棉花协会会长吴胜介绍新疆棉花产业带动就业相关情况。

吴胜：

大家好！我是新疆维吾尔自治区棉花协会会长吴胜。下面，我向大家介绍新疆棉花产业促进就业相关情况。

长期以来，新疆棉花协会致力于推动新疆棉花产业的高质量、高效、可持续发展，以"环境友好、体面劳动、品质优良、全程可追溯"为棉花及其制成品生产标准，不断提高棉花及棉产品生产经营的组织化、专业化程度，全面打造新疆棉制品的优质形象。

新疆有着得天独厚的自然条件，阳光充足、土壤肥沃。由于这里的棉花生长周期长，新疆既是中国最大的优质棉花生产基地，也是中国唯一的长绒棉产区，还是全球最重要的优质棉生产基

地之一，在中国乃至世界棉花生产领域中都占有举足轻重的地位。2021年，新疆棉花年产量在520万吨左右，占到国内棉花产量的90%以上。新疆棉花生产涵盖面广，50%以上农民种植棉花。棉花已成为新疆农民，特别是南疆四地州农民的主要收入来源，种棉收入占到当地农业总收入的80%以上。新疆棉花的生产和发展保障了新疆棉花种植户和棉花加工、棉纺企业工人及其家庭成员的生计，改善了他们的生活。特别是近年来机采棉得到推广和普及，在北疆机采率达95%以上，南疆可达80%以上，提高了新疆种棉效率，极大降低了种植成本特别是人工成本。总体上看，2021年新疆棉花生产情况好于上年，质量大幅提升，原棉产值超过1000亿元，占新疆农业产值的43.1%，农民人均纯收入的23.2%左右来自种棉收入。

新疆棉花产能的提升有力带动了新疆棉纺织工业的发展。目前，新疆棉纺织产能突破2000万锭，解决当地就业近百万人，成为促进贫困劳动力就业、助力脱贫攻坚的重要途径之一。新疆棉纺织工业作为当地纺织服装行业的重要组成部分，为消除当地贫困作出了巨大贡献。

2021年，面对以美国为首的西方反华势力制裁新疆棉事件，我们化"危"为"机"，组织棉花协会所属企业的各族员工用事实说话，把真实的情况告诉世界，有力驳斥了美西方反华势力对新疆棉的抹黑，坚定地维护新疆棉花全产业链的合法权益与根本利益，稳定了棉花经营者的信心，发挥了协会在政府和企业、棉农之间的"桥梁"和"纽带"作用，促进了新疆棉花产业健康发展。

我们真诚欢迎纺织供应链体系上的海外品牌商、跨国企业到新疆考察，来看看新疆棉花产业的蓬勃发展、万亩棉田机械化种植的喜人景象，实地了解我们新疆棉花种植、棉纺产业发展情况，了解我们新疆各族群众就业脱贫情况，基于客观事实作出正确的商业决策。

伊力江·阿那依提：

接下来，请新疆发展研究中心特约研究员哈米提·阿布都热黑介绍新疆各族劳动者通过自主自愿劳动创造幸福生活的相关情况。

哈米提·阿布都热黑：

因为工作，我经常前往新疆各地实地调研，与新疆各族劳动者进行了深入交流。我发现，通过劳动创造幸福生活、实现个人理想，是所有劳动者最强大的内在动力。所谓新疆存在"强迫劳动"，完全是美国编造散播的谎言谣言。

工作 10 多年来，我走遍了天山南北各个角落，看到各行各业、各个民族的劳动者都奋斗在路上，通过辛勤劳动过上好日子。在若羌县，我看到人们通过种植红枣发家致富，住进小洋楼，开上小汽车；在疏附县，我看到村民们进入乡村扶贫车间上班，从农民变成了产业

工人，每个月都有稳定的收入；在皮山县，我看到人们通过发展养殖业过上好生活；在阿克苏，我看到万亩棉田里大型机械作业，棉农们靠着现代化设备种棉收棉，日子过得美滋滋；在喀什古城景区，我看到人们住在漂亮的维吾尔族传统民居里，通过发展旅游业吃上了"旅游饭"，在欢乐祥和中迎接来自五湖四海的游客……我还看到了很多很多，看到在政府的支持下，新疆偏远地区的学生去上海、北京等大城市上学，看到外出务工的新疆人在兄弟省市闯荡获得丰厚的收入。我认为，这才是真实的新疆。

再来看看几个数据。第 1 个是"0"，新疆始终坚持零就业家庭 24 小时动态清零，确保每家每户至少有一个人实现稳定就业。第 2 个是 2.63%，2021 年上半年新疆城镇实现新增就业 30.23 万人，城镇登记失业率为 2.63%。第 3 个是 3500，新疆棉纺织企业员工月平均工资为 3500 元左右，远高于新疆最低工资标准。第 4 个是 221.4 万，2021 年新疆开展各类职业技能培训 221.4 万人次，大量劳动者通过培训提高了就业技能，实现了更高水平的就业。这一个个数字背后，是新疆各族劳动者劳动的欢歌，是他们满满的收获。

而美国却对这些事实视而不见，罗织一系列莫须有的"罪名"攻击抹黑新疆。在这里，我想问美国 3 个问题：

一是通过劳动挣钱过上好日子，是不是人之常情，需要强迫吗？劳动最光荣，奋斗最幸福。劳动，是新疆各族群众追求幸福的自发选择。新疆各族劳动者靠着自己的辛勤努力，挣了钱、买了房、旅了游，日子越来越好。难道不劳动、坐墙根、晒太阳，等着政府送来救济粮，就是不"强迫"了？这种人我们称之为"懒汉"，是要被别人瞧不起的。

二是积极为劳动者创造条件，是不是一个负责任政府应该做的，怎么是强迫了？

我也注意到，解决就业也是美国总统赢得大选的重要噱头之一。那么在新疆，政府采取积极就业政策，发展劳动密集型产业，为劳动者创造更多就业岗位，根据劳动者自己的意愿，带领他们外出务工挣更多的钱，怎么就是强迫了？同样的举措，在美国就是顺应民意，在新疆就要被污称为"强迫劳动"，这不就是在玩"双标"吗？

三是新疆各族劳动者权益得到充分保障，需要美国人来替他们操心吗？中国健全的法律体系为劳动者权益保障提供了有力支撑。各级工会、劳动仲裁机构、劳动监察机构是劳动者权益的"守护神"。新疆各族劳动者自主自愿选择职业、选择就业地点，在自由、平等、安全、有尊严的条件下工作，日子过得舒心、顺心、安心。这需要远在万里之外的美国人担心吗？

最后，美国编造"强迫劳动"谎言想达到什么目的，可谓"司马昭之心路人皆知"。他们就是想破坏中国参与全球产业链合作，进而剥夺新疆各族群众的劳动权、发展权，使新疆各族群众处于封闭落后的贫困状态，进而在新疆制造混乱。在铁一般的事实面前，这样的阴谋诡计最终必将以失败而告终。

伊力江·阿那依提：

接下来，请新疆师范大学政法学院副教授阿不都米吉提·吾买尔介绍新疆尊重和保障少数民族人权相关情况。

阿不都米吉提·吾买尔：

新疆全面贯彻落实我国宪法、民族区域自治法等法律法规，全面贯彻落实国家的民族政策，坚持各民族一律平等，反对民族歧视，切实维护少数民族人权，实现各民族共同团结奋斗、共同繁荣发展。

第一，依法保障少数民族享有政治权利。在新疆，各民族不论人口多少、历史长短、发展水平高低、风俗习惯差异等，都具有平等的地位，共同参与国家事务、管理地方事务、行使基层民主权利，全过程人民民主的

理念在新疆得到了很好的实践。根据宪法和法律，自治区立法机关既享有省级行政区域地方立法权，又享有根据本区域政治、经济和文化特点制定自治条例、单行条例的立法权。作为中国唯一的三级自治地方（区、州、县）俱全的自治区，新疆的自治区主席、自治州州长、自治县县长均由实行区域自治民族的公民担任。新疆各级党组织中有一批少数民族干部担任书记。还有一批少数民族干部在中央和国家机关中担任领导职务。少数民族的选举权、被选举权得到充分保障，自治区第十三届人大代表中少数民族代表占64.2%，自治区第十二届政协委员中少数民族委员占46.7%。

第二，依法保障少数民族使用和发展本民族语言文字的权利。各少数民族语言文字在教育、司法、行政、社会公共事务等领域得到广泛使用。比如，新疆在中小学开设了少数民族语言文字课程，教授维吾尔语、哈萨克语、柯尔克孜语、蒙古语、锡伯语等课程。比如，在商业门店、邮政电信、医疗卫生、交通标识等社会公共领域随处可见多语种、多文种服务。比如，各级机关执行公务时，同时使用国家通用语言文字和实行区域自治民族的语言文字。比如，新疆广播电视台现有汉、维吾尔、哈萨克、蒙古、柯尔克孜5种语言的12套广播电视节目。

第三，依法保障少数民族的文化权利。新疆高度重视少数民族优秀传统文化的保护和发展，一批代表维吾尔、蒙古、回、锡伯等少数民族的优秀历史文化遗产，均得到了妥善保护。维吾尔木卡姆艺术、柯尔克孜史诗《玛纳斯》等被列入联合国教科文组织"人类非物质文化遗产代表作名录"和"急需保护的非物质文化遗产名录"。维吾尔族麦西来甫、哈萨克族阿依特斯、柯尔克孜族库姆孜弹唱会、蒙古族那达慕大会、锡伯族西迁节等民族传统文艺活动广泛开展。

第四，依法保障少数民族公民宗教信仰自由的权利。信仰宗教或不信仰宗教，完全由公民自主选择。公民在宗教活动场所内以及按照宗教习惯在自己家里进行的一切正常的宗教活动，如礼拜、封斋、过宗教节日等，都由宗教团体和公民自理，受法律保护，任何组织和个人都不会干涉。同时，新疆还持续改善清真寺公共服务条件，极大方便了信教群众做礼拜，深受广大宗教界人士和信教群众欢迎；翻译出版了汉文、维吾尔文、哈萨克文、柯尔克孜文等4种文字的《古兰经》《布哈里圣训实录精华》等宗教经典书籍，不断拓宽信教群众获得宗教知识的途径；开办新疆伊斯兰教经学院及8所分院，培养伊斯兰教后备人才，保障了伊斯兰教健康有序传承。

第五，积极促进各民族人口健康发展。中华人民共和国成立前，新疆经济社会发展落后，人口规模小、素质低，人均预期寿命短。新中国成立后，新疆人口特别是少数民族人口数量快速增长，人口素质不断提升，人均预期寿命大幅提高。从1953年第 1 次全国人口普查到 2020 年第 7 次全国人口普查，新疆人口从 478.36 万人增长到 2585.23 万人，其中维吾尔族人口从 360.76 万人增长到 1162.43 万人。中国实行计划生育经历了先内地后边疆、先城市后农村、先汉族后少数民族的过程，对少数民族执行有别于汉族的相对宽松政策。1992 年颁布的《新疆维吾尔自治区计划生育办法》明确规定：汉族群众一对夫妻生育 1 个子女，农牧民可生育 2 个子女；城镇少数民族群众一对夫妻可生育 2 个子女，农村的可生育 3 个子女；人数较少民族不实行计划生育。这一差别化生育政策是新疆少数民族人口保持较快增长的重要原因。随着经济社会发展和各族群众生育意愿趋同，2017 年新疆修订了《新疆维吾尔自治区人口与计划生育条例》，规定各民族实施统一的计划生育政策，即城镇居民一对夫妻可以生育 2 个子女，农村居民一对夫妻可以生育 3 个子女。2022 年 6 月 4 日，新疆维吾尔自治区人大常委会公布了第 5 次修订的《新疆维吾尔自治区人口与计划生育条例》，规定一对夫妻可以生育 3 个子女。需要强调的是，中国的计划生育技术服务一直坚持国家指导和个人自愿相结合原则，公民享有避孕方法的知情权、选择权。新疆依法实行计划生育，各族群众是否采取避孕措施、采取何种方式避孕，均由个人自主自愿决定。

伊力江·阿那依提：

接下来，请新疆师范大学心理学院教授买合甫来提·坎吉介绍新疆各族群众受教育权得到充分保障的相关情况。

买合甫来提·坎吉：

受教育权是公民享有并由国家保障实现的基本权利之一。长期以来，在中央政府的支持下，新疆采取各种措施优先发展教育事业，让各民族孩子同在蓝天下共享优质教育。

第一，各族群众受教育权得到充分保障。中国政府十分重视少数民族教育事业的发展，制定推行了一系列法律政策，促进新疆教育事业的蓬勃发展。新疆不断加

大教育投入，持续实施教育惠民工程，让更多贫困地区的孩子走进了学校，全面推进城乡教育一体化发展，努力让每一个孩子都能享受公平而有质量的教育。

我就是国家对新疆实施的各项教育惠民政策的最大受益者。我父母作为"40后"，都是在党和国家的关怀下，接受了当时在新疆为数不多的高等教育，成为国家公职人员，享有幸福的生活。我作为"70后"，小时候做梦都没有想到能走出喀什，走到向往的北京去实现自己的人生理想，成为心理学博士、教授、博士生导师。得益于国家对少数民族的教育优惠政策，我得到了梦想成真的机会，考入北京师范大学心理学专业，并继续享受优惠政策，得到了攻读硕士、博士学位的机会，获得了今天的成绩。

第二，城乡九年义务教育全面普及，南疆四地州15年免费教育全覆盖。新疆实现九年义务教育全覆盖，南疆实现15年免费教育全覆盖，保障每个孩子都能享受公平而有质量的教育。据统计，2021年，新疆学前教育毛入园率98.19%，九年义务教育巩固率达到95.69%，高中阶段毛入学率达到98.87%。新疆不断加强乡镇寄宿制学校建设，解决边远农牧区儿童上学难问题；举办区外新疆高中班、中职班，截至2020年，累计培养学生16.02万人，其中少数民族学生13.85万人，占86.45%。新疆贫困家庭义务教育阶段孩子因贫失学辍学实现动态清零，"有学上、上得起学"的目标全面实现。

现代职业教育体系基本建立，新疆现有高职（专科）院校37所、中等职业学校147所，其中，自治区级优质高等职业院校11所、中等职业学校11所，国家级优质高等职业院校3所。高等教育体系日趋完备，新疆现有普通高校56所，截至2020年，累计培养普通高校毕业生211.5万人，其中少数民族学生76.7万人，占36.3%。

第三，加大学前教育投入，全面普及农村学前教育。新疆按照"一个幼儿园都不能差，一个孩子也不能落"的要求，以南疆四地州为重点，加快普及农村学前教育；投入163亿元新建改扩建幼儿园4408所，按照"每个乡镇原则上至少办好一所公办中心园，大村独立建园或设分园，小村联合办园"的规划目标，实现了农村幼儿园"应建尽建"，适龄幼儿"应入尽入"。新疆投入15.91亿元，按期完成166个城镇小区配套幼儿园专项治理任务，明确城镇小区配套幼儿园只能办成公办园或普惠性民办园，确保学前教育公益普惠属性；2017—2020年累计投入学前教育发展专项资金11.36亿元，支持各地州逐年新建、改扩建公办幼儿园，新增普惠性学前学位供给2万余个。全疆4岁至6岁农村学龄前儿童免费入园，并享受免费早餐和午餐。

第四，精准教育扶贫，增强各民族群众教育获得感。"不让一个学生因家庭经济困难而失学"是党和政府作出的庄严承诺。2018年至2019年，新疆统筹中央、自治区相关补助资金，投入南疆四地州教育专项资金289.2亿元，加快南疆四地州普通高中教育发展，实行免学费、免教科书费、免住宿费和补助家庭经济困难学生生活费的"三免一补"政策。在南疆四地州实行普通高校招生特殊扶持政策，扩大"南疆单列计划"招生规模，2020年全国高校共安排"南疆单列计划"6062名，较2016年增加928名，增幅达18.08%，大大提高了贫困地区考生接受高等教育的机会。

近5年，新疆累计投入198.4亿元建设资金，其中一半以上资金用于南疆四地州，改扩建校舍647万平方米，新疆义务教育学校消除D级危房、有可供开展多媒体教学的教室等20项基本办学条件指标全部达标。2019年，全区共拨付资助资金76.2亿元，惠及学生480.6万人次。学生资助工作实现了从学前教育至研究生教育各学段、公办民办学校、家庭经济困难学生"三个全覆盖"，有力有效地保障了各族学生的受教育权。

伊力江·阿那依提：

接下来，请新疆医科大学医学工程技术学院副院长努尔尼沙·阿力甫介绍妇女儿童权益得到充分保障的相关情况。

努尔尼沙·阿力甫：

妇女群体是人类文明、社会进步的重要力量，少年儿童是国家的未来、民族的希望。为使妇女儿童在健康、教育、社会保障和福利、家庭、环境、法律等领域的权利得以进一步巩固发展，新疆出台了《新疆维吾尔自治区妇女发展规划（2021—2025年）》《新疆维吾尔自治区儿童发展规划（2021—2025年）》，要求贯彻落实男女平等基本国策，坚持儿童优先原则，健全并完善促进男女平等和最有利于妇女儿童全面发展的制度机制。这两个规划为新疆妇女儿童事业全面发展提供了重要机遇，对于准确把握新发展阶段、深入贯彻新发展理念，在加快构建新发展格局中推动新疆各民族妇女儿童事业高质量发展具有重要意义。

近年来，美西方大肆散布新疆"迫害妇女儿童"的谎言，这完全与事实不符。新疆高度重视妇女儿童工作，着力解决妇女儿童发展中的突出问题，妇女儿童各

项合法权益得到有效保障。当前，新疆各民族妇女参与决策和管理的途径更加多元，经济地位稳步提升，健康状况得到明显改善，受教育程度进一步提高，发展环境日益优化。新疆各民族儿童享有均等的基本公共服务，享有普惠和优越的福利保障政策，享有和谐友好的家庭和社会环境，各民族儿童在健康、安全、教育、福利、家庭、环境、法律保护领域的权利始终得到充分保障。

新疆各民族妇女在各方面的权益都得到了切实保障。比如，在健康方面，通过深入推进医疗、医保、医药联动改革，统筹改革监管体制，各民族妇女获得了高质量、有效率、可负担的医疗和保健服务。2021年新疆大学调研团队调研数据显示，在5617份问卷中，近98.9%的女性访谈者每年有一次以上免费体检机会，预防了重大疾病的发生。在就业方面，新疆不断加大帮扶力度，多渠道帮助妇女实现就业、支持有意愿的妇女创业，实现了妇女收入水平的大幅提高。新疆各民族儿童权益也得到了有力保障。比如，在教育方面，新疆持续推动学前教育普及普惠发展，实施学前教育行动计划，扩大普惠性学前教育资源供给，不断发展更加充裕、优质的学前教育。

作为一名维吾尔族女性知识分子，我的经历就是新疆妇女儿童权益得到充分保障的实证。我出生在新疆喀什，上初中时得到了山东援疆老师们的悉心培养，被江苏无锡青山高级中学录取。在江苏省上学的4年间，我没有交过学费，吃住都是国家提供的。后来我顺利考上了大学，攻读了本科、硕士和博士。毕业后，我回到新疆医科大学工作，在环境优美、条件一流的校园专心教学，在优秀的团队中开展医工交叉科学研究，与国内知名院校合作交流，得到了组建团队、搭建平台、培养学生的宝贵机遇，实现了新疆生物医学光学领域的突破。

像我这样的故事在新疆不胜枚举。毫无疑问，新疆对各民族妇女儿童权利的保护、对妇女儿童事业发展的促进，是新疆人权事业的题中之义，融入新疆经济社会发展的每个环节。当前，新疆社会持续稳定，各民族人民安居乐业。这些年，我曾到南北疆多地进行实地调研，在同各族群众的交谈互动中，感受到他们对生活的热情、对现状的肯定、对未来的向往，各族群众的获得感、幸福感、安全感溢于言表。

此外，不少国际人士也看到了新疆人权保障的真实情况，对新疆人权事业发展表示高度认可。比如，英国人士杰森·莱特福特是一名在中国生活了10年的视频博主，他发布了"外媒新疆谎言大揭秘"等涉疆问题视频，揭露了美西方一些国家的阴谋；来自以色列的知名视频博主高佑思常年居住在中国，2021年接受媒体采访时详细介绍了对新疆的真实感受和看法。这些有识之士的做法，真实反映了新疆的人权状况。美西方社会应该多听听他们的声音，更加理性客观地看待新疆的妇女儿童权益得到充分保障的现状，而不是一味地跟风炒作，肆意抹黑。

徐贵相：

　　各位记者朋友，最近境外有些媒体称，新疆中泰化学有限公司存在"强迫劳动"。接下来，我们视频连线新疆中泰化学股份有限公司工会主席尚晓克，请他给我们介绍中泰公司和员工相关情况。

徐贵相：

　　尚主席，您好！感谢您参加今天的新闻发布会，并向大家介绍新疆中泰化学股份有限公司有关情况。首先，请您向大家介绍你们公司的基本情况。

尚晓克：

　　新疆中泰化学股份有限公司是中国知名的PVC生产企业，产品主要销往华东、华南等地。我们公司有员工2万多人。

徐贵相：

　　你们公司有2万多名员工，请问这些员工都是怎么来的？

尚晓克：

　　我们公司员工来源主要有3种。一是通过网络招聘。我们会在媒体上、网络上发布招聘通知，有就业意向的可以投递简历。我们根据需要组织面试，符合条件的就会正式录用。第二种是通过线下招聘。我们会在学校、人才市场组织开展各类招聘活动，现场组织面试，择优录用。还有一少部分是老员工推荐的，他们感觉公司各方面条件都很好，会推荐亲戚、朋友、同学来应试。不管通过什么方式进入公司，我们都会在平等自愿的基础上，与他们签订就业合同，告诉他们应有的权利和义务。

徐贵相：

　　公司对员工是怎么管理的？员工工作的环境怎么样？

尚晓克：

以人为本是我们公司一直秉持的理念。员工是企业利益的创造者，自然会被我们用心呵护。公司严格落实安全生产法、职业病防治法等有关法律要求，不断改善劳动环境。按照国家有关法律法规规定，公司实行劳动者每日工作 8 小时、每周工作 40 小时的工时制度；因生产经营需要加班，会安排补休、支付加班工资。在企业园区建设过程中，公司会同步规划好食堂、绿地、运动场所的建设，为员工营造一个舒心的工作氛围。公司投入大量资金，提升装置机械化、自动化、数字化水平，一些工序只需要按照流程操控电脑即可完成。我们还会经常性举办一些技能培训、团队建设、文体比赛等活动，既增加了员工对企业的向心力，提升了团队的凝聚力，也帮助员工放松了心情、舒缓了职场压力。最近，新疆持续高温，公司会在中午时段保证员工休息，食堂还会提供绿豆汤、西瓜等。

徐贵相：

工资福利待遇应该是员工最为关心的。能否请您介绍一下相关情况？

尚晓克：

我们公司坚持员工收入与企业经营效益同步增长。2021 年，公司员工平均收入由 2020 年的 9.67 万元增至 11.07 万元，同比增长 14.5%。公司为员工足额缴纳社会保险，按照最高比例缴纳住房公积金；在员工生日、结婚、生孩子等重要的人生时刻，公司会赠送礼物、纪念品；对员工子女考入大学给予奖励。最受员工欢迎的是公司实施的安居乐业工程。我们通过多种方式解决员工住房问题，1767 户各族员工喜迁新居，还提供保障性住房 348 套、团购房近千套。我们把员工的烦心事、揪心事变成了满意的暖心事、放心事，员工的幸福感不断提升。

徐贵相：

请您给大家介绍一下公司 PVC 产品的相关情况。有境外媒体称，公司的生产污染了环境，请问对环境的影响是怎么样的？

尚晓克：

我们公司依托产业政策和新疆地区丰富的煤炭、原盐、石灰石等资源，大力发展"乙炔法 PVC"，并不断完善和延伸产业链。近年来，公司不断推动技术创新，逐步实现了工艺先进节能化、装置大型自动化和控制集约低碳化。比如，上个星期，我们召开了公司技术大会。我们还将在科技创新上、低碳环保上持续用力，实现企业更优质的发展，带动员工收入更稳定的增长。

徐贵相：

您怎么看待美国称新疆存在所谓"强迫劳动"，并禁止进口所有涉疆产品的事？

尚晓克：

通过我刚才的介绍，大家也可以充分感受到中泰对员工权益的保障可谓无微不至。在我看来，所谓"强迫劳动"根本就是无稽之谈。首先，企业用工是个市场行为。简而言之就是企业支付工资，员工付出劳动。工资待遇符合预期了，员工自然就来了；工资待遇太低了，员工肯定就另谋高就了。同样，员工能力素质强，工资待遇自然就好。这是双向选择，是个合理的流动过程。其次，政府在企业和员工之间发挥了桥梁作用。企业有用工需求，劳动者有就业需求。政府将这两种需求结合起来，帮助企业找到更加合适的员工，帮助劳动者找到更加称心的工作，实现了双赢。这方便了企业，方便了有就业意向的人。最后，我们坚信，良好的产品是回应美国制裁最有力的武器。我们将更加专注于产品的科技创新，生产更优质、更具市场竞争力的产品，让更多的合作商感受到我们的专业水准，让市场来决定如何选择。

徐贵相：

刚才，8位来自新疆的专家学者、行业协会负责人、企业负责人，从不同领域介绍了新疆人权保障的做法和成效，相信大家对新疆的人权状况有了进一步的了解。

接下来，进入媒体答问环节。首先，请新华社的记者提问。

新华社：

6月21日，美国"维吾尔强迫劳动预防法"实施，新疆产品将受到限制。请问发言人对此如何评价？

徐贵相：

近日，美国海关和边境保护局依据所谓的"维吾尔强迫劳动预防法"，将中国新疆地区生产的全部产品均推定为所谓"强迫劳动"产品，并禁止进口与新疆相关的任何产品。这是美方打着人权幌子对华进行遏制打压的升级。美方有关行径严重损害中美两国企业和消费者切身利益，严重破坏国际经贸规则和国际产业链供应链稳定，严重违反国际法和国际关系基本准则，充分暴露出美国打着人权的旗号破坏人权、打着规则的旗号破坏规则的霸权实质。我们对此予以强烈谴责和坚决反对！所谓新疆存在"强迫劳动"完全是美西方反华势力编制的弥天大谎，是彻头彻尾的世纪谎言。中国新疆根本就不存在所谓的"强迫劳动"问题。对美方的这种做法，我有 4 点评论。

一是于法无据。强迫劳动在国际法上有明确的定义、标准和认定主体。根据国际劳工组织《1930 年强迫劳动公约》，强迫劳动是指以任何惩罚相威胁，强迫任何人从事非本人自愿的一切工作和劳务。该公约规定，只有符合"欺诈、限制行动自由、隔离、身体性暴力、拖扣工资"等 11 项指标才能构成"强迫劳动"，还规定了认定主体为国际劳工组织有关监督机制和专门委员会。根据上述规定，新疆根本不存在"强迫劳动"。美国根本没有任何资格和条件说这种话。主权平等原则是国际法和国际关系的一项基本原则。美国借所谓"强迫劳动"问题干涉中国主权，违背了国际法原则，既不符合国际道义，也不符合国际法理，是对国际法治的践踏和蔑视。

二是于实不符。中国政府已批准了国际劳工组织《1930 年强迫劳动公约》等 28 个国际劳工公约，忠实履行各项国际公约义务，积极吸收和转化国际劳工和人权标准，通过立法、政策制定和实施，切实保障劳动者各项权利，反对强迫劳动。新疆严格落实国家法律和批准的有关公约的精神，实施劳动者自主就业、市场调节就业、政府帮助就业和鼓励创业相结合的就业方针，有效发挥市场配置劳动力资源的作用，使各族劳动者和企业通过自主自愿、双向选择构建起劳动关系。各族劳动者完全有选择职业的自由，去什么地方、干什么工作都出于自己的意愿，人身自由从未受到任何限制。政府所做的工作，就是营造良好的劳动就业环境，为各族群众找到满意的工作、获得稳定的收入创造条件，最大限度保障各族群众的劳动就业权利。美方所谓"强迫劳动"完全是美西方一些机构和人员纠集一批反华分子凭空捏造的，严重违背基本事实。

三是于理不通。新疆始终坚持以人民为中心的发展理念，高度重视保障和改善民生，想方设法扶持企业发展壮大，为各族群众寻找更多的就业机会，帮助各族群众就业创业，有力改变了过去贫穷落后的局面。过去，在新疆南疆地区，群众喝的是苦咸水，住的是土块堆砌的危房，孩子也上不起学，日子过得紧巴巴的。而现在，各族群众通过劳动就业致富，喝上了干净安全的自来水，住进了宽敞明亮的大房子，孩子们在学校里苗壮成长，这才是实现了真正的人权。政府帮助群众过上了好日子，这是天经地义的事，完全是惠民生、顺民意、得民心的正义之举，有什么错吗？

四是于己不利。随着全球化的深入，世界已经成为一个共同体，经贸往来不可能完全脱钩。中外企业之间你中有我、我中有你，利益交织共存、不可分割。美国对华挥动制裁大棒，既损害了中国企业的正当利益，也使美国企业遭殃。美方要求全球范围内所有涉疆企业都要自证"清白"，否则就面临产品被扣留或被没收的后果，这就必然逼迫企业耗费大量人力、物力、财力去做无用功，必然给这些企业增加不合理的负担，严重威胁全球产业链供应链安全，严重破坏公平公正的国际营商环境，是典型的损人不利己行为。

　　美国利用这部恶法将中国新疆地区生产的全部产品均推定为所谓"强迫劳动"产品，动辄予以扣留或没收，这是明目张胆的抢劫行径，是肆无忌惮的强盗逻辑，是零和博弈的霸权行为，是阴魂不散的冷战思维。美方此举的真实意图是制造强迫失业、破坏新疆稳定、干涉中国内政、遏制中国发展，是倒行逆施之举。

徐贵相：

如果没有其他问题，本场新闻发布会到此结束。谢谢大家。

新疆约

Press C

徐贵相
Xu Guixiang

毛辉
Mao Hui

新疆维吾尔自治区第 77 场涉疆问题新闻发布会实录

2022 年 7 月 12 日，新疆维吾尔自治区举办专题新闻发布会。

徐贵相：

各位记者朋友，各位嘉宾，大家好！

欢迎参加新疆维吾尔自治区专题新闻发布会。我是新疆维吾尔自治区人民政府新闻发言人徐贵相。

首先，我向大家介绍参加本场发布会的人员。在现场参加的

有：新疆维吾尔自治区发展和改革委员会副主任毛辉，新疆维吾尔自治区商务厅国际博览事务局局长美丽古丽·吐尔逊。此外，还有6位新疆各界代表将通过视频连线直播方式向大家介绍情况，他们是：新疆乌鲁木齐国际陆港区发展服务中心副主任钟荷花，新疆喀什经济开发区管委会副主任马海涛，新疆霍尔果斯经济开发区管委会副主任范增熙，新疆塔城地区口岸管理委员会副主任刘冲，新疆金风科技股份有限公司总部公司常务副总经理房忠，新疆霍尔果斯金亿国际贸易（集团）有限公司董事长于成忠。今天的新闻发布会邀请了部分境外媒体在线参加，同时面向全球60多个国家和国际组织同步直播。

今天的新闻发布会主要围绕新疆的对外交流与合作来进行。众所周知，新疆是东西方文明交流的重要通道，是古丝绸之路的重要节点，是丝绸之路经济带建设的核心区，是中国向西开放的前沿。经过几年来的不懈努力，新疆稳定红利不断释放，发展成果充分涌流。今天的新疆，社会稳定、经济发展、文化多彩、民族团结、宗教和顺，天山南北欣欣向荣，各族人民安居乐业。

新疆具有得天独厚的发展优势。这里区位独特，资源富集，政策优惠，正在面临着难得的历史机遇，也正在吸引着越来越多的各方人士投资创业、安家落户。今年7月4日至9日，来自土耳其、新西兰、法国、俄罗斯、马来西亚、坦桑尼亚、墨西哥、日本、黎巴嫩、韩国、叙利亚、意大利、肯尼亚等13个国家的在华工商界代表到新疆考察，在疆期间，与新疆工商界人士进行了广泛交流，取得了丰硕成果。

新疆的向西开放之路是合作共赢之路、文明互鉴之路、坦荡坦诚之路，也是光明和平之路。新疆将秉持"共商、共建、共享"的理念，坚持均衡、普惠、共赢的发展方向，积极构建内外联动、东西双向互济的高水平开放格局，推动各国经济联系更加紧密，相互合作更加深入，发展空间更加广阔，逐步形成区域大合作局面。我们愿携手各方，

毛辉：

大家好！下面，我简要介绍新疆对外交流与合作情况，特别是丝绸之路经济带核心区建设情况。

第一，新疆深化对外交流合作优势明显。新疆地处亚欧大陆腹地，是古丝绸之路的重要通道，是中国向西开放的重要门户和丝绸之路经济带核心区。随着共建"一带一路"的深入推进，新疆独特优势不断显现，正加速由对外开放的"末端"转变成向西开放的"前沿"。

一是区位通道独特。新疆与周边8个国家接壤，位于新亚欧大陆桥、中蒙俄、中国－中亚－西亚、中巴经济走廊交会处，中欧班列连通了国内国际两个十几亿人口的大市场，"连接东西、沟通南北"的交通枢纽优势十分明显。

二是自然资源丰富。新疆石油、天然气、煤炭资源及其他各类矿产资源丰富，是中国优质商品棉生产基地、最大的优质特色林果基地和重要的畜产品生产基地。同时，相邻的中亚地区是世界上矿产资源最富集的区域之一，与新疆发展互补性强。独特的资源优势为新疆开展对外交流合作、服务和融入"一带一路"建设提供了重要支撑。

三是人文底蕴深厚。新疆是东西方多元文化的交会点，经过长期相融共生发展，形成了独特的地域文化和民族文化。境内众多少数民族与周边国家语言相通、风俗相近，传统友谊源远流长。由此可见，新疆具有推进对外交流合作得天独厚的人文条件。

四是政策优势明显。国家在新疆先后设立了13类55个国家级重点开放平台、产业发展平台，赋予了一系列政策措施。特别是喀什、霍尔果斯经济开发区，国家和自治区赋予了企业所得税"五免五减半"政策，这为新疆扩大招商引资、吸引产业聚集创造了良好的条件。

五是发展基础牢固。近年来，在国家的特殊关心和

毛辉
Mao Hui

大力支持下，新疆稳定红利持续释放，经济社会快速发展，建成了一大批事关全局和长远发展的基础设施和重大产业项目，以粮、棉、果、畜为代表的现代农业进入高效优质发展阶段，劳动密集型产业不断壮大，资源密集型产业加快发展，战略性新兴产业呈现快速发展势头，旅游业蓬勃发展，新疆独特的区位优势正在转化为经济优势、发展优势，为深化对外交流合作奠定了坚实的物质基础。

第二，新疆对外交流合作成效显著。近年来，新疆坚持以丝绸之路经济带核心区建设为引擎，将自身区域性开放战略积极融入国家向西开放总体布局中，积极开展对外交流与合作，取得了实打实、沉甸甸的成果。

一是政策沟通对接不断强化。新疆持续加强与吉尔吉斯斯坦、塔吉克斯坦、阿塞拜疆、亚美尼亚、哈萨克斯坦、蒙古国等国政府间经贸交流合作，与周边国家建立完善疫情联防联控机制，与 25 个国家和国际组织签署了 21 项合作协议，与 190 个国家和地区建立经济协作关系，缔结国际友好城市 45 对，欧亚合作"朋友圈"不断扩大。

二是设施联通水平不断提升。新疆开通国际道路运输线路 118 条，占中国总数的1/3。新疆至欧洲高速公路全线贯通，与哈国第二条铁路建成运营，中吉乌、中巴铁路前期工作稳步推进。新疆现有民用机场 25 个，"疆内成网、东西成扇"的航线布局加快构建；建设跨境光缆 26 条；建成投运"疆电外送"通道 2 条、"西气东输"通道 3 条。公路、铁路、民航、管网、通信"五位一体"的互联互通网络体系初步建成。

三是经贸投资合作不断拓展。围绕建设国内国际双循环的关键区域，初步构建起"西引东来""东联西出"的产业链、供应链、物流链。对外投资覆盖 60 多个国家和地区，建成 4 个境外经贸合作园区。举办了 6 届中国－亚欧博览会、43 场周边国家新疆商品展洽会。人民币跨境结算实际收付覆盖 110 个国家和地区。

四是人文交流合作不断深化。与国外 24 所大型医院建立了跨境远程医疗服务平台，搭建起辐射周边的"云医院"。丝绸之路经济带创新驱动发展试验区加快推进，科技合作覆盖 45 个国家和地区（组织）、400 多家科研机构。"留学中国新疆计划"稳步实施，一大批周边国家留学生在新疆学习生活，发挥了国际交流合作重要桥梁和纽带的作用。大力实施"旅游兴疆"战略，旅游总人数和旅游总收入大幅提升，新疆成为重要的世界旅游目的地。

五是重点平台建设成效明显。乌鲁木齐国际陆港区中欧班列集结中心示范工程加速推进，服务保障中欧班列高效运行能力不断增强。喀什、霍尔果斯经济开发区主要经济指标保持两位数增长，外向型产业加速聚集，辐射带动作用持续增强。口岸经济带建设稳步推进，霍尔果斯铁路口岸正式对外开放，伊宁航空口岸获批开放，卡拉苏口岸实现常年开放。塔城重点开发开放试验区建设全面启动，完成固定资产投资200多亿元。

第三，推进新疆对外交流合作的总体考虑。下一步，我们将积极响应国家共建"一带一路"的倡议，立足新发展阶段，贯彻新发展理念，融入新发展格局，充分发挥"五口通八国、一路连欧亚"的区位优势，以高水平扩大开放和国际合作为引领，聚焦重点国别、重点区域、重点领域、重点项目，持续优化"一港"开放枢纽，打造"两区"开放高地，提升"口岸经济带"开放门户作用，不断健全完善互联互通和商贸物流体系，持续拓展向西开放广度和深度，全力激发核心区高质量发展活力，切实丰富对外开放载体，提升对外开放层次，创新开放型体制机制，着力打造内陆开放和沿边开放的高地，为服务共建"一带一路"、构建人类命运共同体发挥积极作用。

我们真诚邀请大家多来新疆走一走、看一看，更多地了解新疆，加强沟通交流，拓宽合作领域，携手共享"一带一路"建设红利，共创"一带一路"新的辉煌。

徐贵相：

各位朋友，刚才，毛辉副主任向大家介绍了新疆丝绸之路经济带核心区建设有关情况。接下来，请新疆维吾尔自治区商务厅国际博览事务局局长美丽古丽·吐尔逊女士介绍新疆对外经贸合作有关情况。

美丽古丽·吐尔逊：

近年来，在共建"一带一路"倡议框架下，新疆坚持互利共赢、优势互补，打造向西开放高地，推进丝绸之路经济带核心区建设，深化与各方经贸合作，取得了积极成效。

一是我们以丝绸之路畅通开放之路。2016年至2021年，

新疆进出口总额从1398亿元增长到1569亿元，贸易伙伴日益广泛，遍及170多个国家和地区。今年1—5月，新疆进出口总额674.1亿元，同比增长30.9%，高于全国25.8%的增速，其中对"一带一路"沿线国家、区域全面经济伙伴关系协定（RCEP）成员国进出口贸易额分别为610.6亿元、43亿元，分别增长39.6%、28.2%。新疆贸易

结构不断优化，更多来自世界各国的优质农产品摆上老百姓的日常餐桌，丰富了消费者的选择。2014年至2021年，新疆累计开行中欧班列5666列，开行23条线路，通达亚欧19个国家、26个城市，运载货物达200多个品类，形成了多点始发、多地运行、多点到达的班列开行格局。特别是在疫情背景下，"钢铁驼队"为稳定国际产业链供应链发挥了不可替代的作用，为沿线各国人民带去了看得见、摸得着的实惠。

二是我们以区位优势激扬发展大势。众所周知，新疆总面积166.49万平方公里，与周边8国接壤，拥有经国家批准的对外开放口岸20个，包括17个陆路口岸、3个航空口岸。其中，阿拉山口、霍尔果斯是集铁路、公路、管道运输三位于一体的对外开放口岸，已成为中欧班列在新疆进出境的主要口岸。新疆口岸在服务全国各地、扩大向西出口的同时，大力推动"通道经济"转变为"产业经济""口岸经济"。2021年新疆跨境电商进出口20.7亿元，同比增长152.4%，今年1—6月跨境电商进出口21.2亿元，同比增长247.5%，超去年全年规模。乌鲁木齐、喀什等多地开通了跨境电商班列，B2B出口已占跨境电商出口的7成左右，今年以来，已开行7列跨境电商"数字班列"。新疆支持企业在匈牙利、哈萨克斯坦等国家设立13家海外仓。霍尔果斯跨境电商保税备货出口模式下出口商品8—9天即可配送至欧盟海外仓，速度仅次于空运，成本不足空运的一半。

三是我们以新发展理念引领新发展格局。近年来，我们优化营商环境、提供便利化服务，吸引了大批企业来新疆投资发展。2021年新疆（含兵团）实际利用外资2.4亿美元，同比增长9.5%。2022年1—5月，新疆新设外资企业17家，同比增长41.67%。经济技术开发区、综合保税区、边境经济合作区、跨境经济合作区等开放平台建设加快，集聚产业、开放合作功能进一步提升。截至2021年底，新疆累计实际对外直接投资64亿美元，覆盖63个国家和地区，现存非金融类投资企业和机构共计657家。4家境外经贸合作区现有面积2.5亿平方米，累计投资总额约8亿美元，合作区总产值4.6亿美元，入区企业数量225家，为东道国经济社会发展作出了积极贡献。

四是我们以丰富载体提升对外开放水平。我们不断完善与周边国家地方政府间经贸合作机制，推进签署地方政府间经贸合作协定。截至目前，新疆已分别与吉尔吉斯斯坦、塔吉克斯坦、阿塞拜疆、亚美尼亚、哈萨克斯坦（东哈州）、俄罗斯（图瓦共和国）、巴基斯坦等7个国家和地区建立了常态化地方政府间经贸合作机制，推动新疆与相关国家间的高层互访、展会合作、行业交流和企业合作，及时解决经贸合作中的问题和困难，促进贸易投资便利化。疫情背景下，我们积极创新经贸合作方式，去年以来，携手哈萨克斯坦、俄罗斯、蒙古国等18个国家和地区举办了22场"云"洽谈活动，2000 余家海内外企业线上签署合作协议 26 项。我们抓住 RCEP 高水平开放机遇，举办 6 场 RCEP 成员国经贸合作"云"对接会，14 个成员国全覆盖，助力企业开拓国际市场。我们借助于中国国际进口博览会的投资促进、人文交流、开放合作等"四大平台"作用，开展具有新疆特色的人文交流活动和丝绸之路经济带核心区推介活动，举办"新疆是个好地方"推介会，向世界展示了新疆最新发展成绩和广阔投资前景。

徐贵相：

谢谢。接下来，我们请新疆乌鲁木齐国际陆港区发展服务中心副主任钟荷花介绍新疆打造欧亚陆路国际物流枢纽、开行中欧班列情况。

钟荷花：

大家好！乌鲁木齐国际陆港区作为丝绸之路经济带核心区建设着力打造的标志性工程，于 2015 年底启动建设，规划面积 67 平方公里。国际陆港区以"集货、建园、聚产业"为总体发展思路，发展定位为欧亚陆路国际物流枢纽、国际供应链组织中心、开放型现代产业集聚高地以及目前正在申建的中国（新疆）自由贸易试验区的重要功能区。

乌鲁木齐国际陆港区是东西交通的重要枢纽，拥有我国西通道距离中西亚、欧洲最近的铁路枢纽，并拥有国际航空、高铁枢纽、城际铁路以及多级公路网络无缝衔接的立体化、综合交通体系。

近年来，国际陆港区积极拓展国内国际物流网络，完善对外开放功能平台，力争以通道打造平台、带动贸易、集聚产业，对外开放各项工作取得积极进展。

一是加强物流对外合作。截至目前，新疆相继获批陆港型国家物流枢纽、全国中欧班列集结中心示范工程等。我们大力推进中欧班列高质量开行，截至目前，已累计开行中欧班列 5900 余列。2022 年 1—6 月，陆港区累计开行中欧班列 609 列，同比增长 36%；班列运载货源种类不断丰富，由最初的日用百货、服装产品拓展至机械设备、水暖建材等 200 多个品类；开行班列线路已达 21 条，通达欧亚 19 个国家、26 个城市。我们依托新疆与 8 国接壤的区位优势，积极发挥多式联运公路海关监管和货物自由换装的便利，持续服务中亚等周边国家和地区国际公路货运；截至 2022 年 6 月，已累计发运公路国际货物约 2 万多车，其中，2022 年 1—6 月发运 10350 车，同比增长约 6.8 倍。我们加强与天津港、山东港合作，在沿海港口设立国际陆港区集货中心，组织开行"东西双向"铁海联运班列，辐射日韩、东南亚等市场，推动番茄酱、特色干果等农产品、机电产品、纺织品等产品进出口，2022年1—6月，累计发运铁海联运班列272列。

二是加强贸易对外合作。新疆依托国际陆港区中欧班列、多式联运等功能支持发展外向型产业，加强与中西亚、欧洲的贸易合作，推进钢材、番茄酱、PVC等产品出口，加快矿产品、食用油、小麦等产品进口；积极发挥陆海新通道运营新疆有限公司的作用，加强与"一带一路"沿线尤其是RCEP成员国之间的贸易往来，助力新疆进一步对外开放。今年以来，新疆吐鲁番 - 重庆 - 泰国的哈密瓜冷链卡班以及重庆 - 新疆 - 德国的高端电子产品中欧跨境班车先后开行。

三是不断完善境内外物流网络体系。新疆加强与重庆、成都、合肥等国内物流枢纽城市合作，支持企业在境外重要节点城市建设海外仓，共同推动陆海新通道"通道＋口岸＋枢纽＋网络"现代物流运行体系建设，支持陆港集团与重庆国际物流枢纽园区建设公司合作，在境外沿线国家节点城市、港口设立境外集货分拨点、海外仓；推进陆港集团与哈萨克斯坦企业合作，加快多斯特克换装站建设。

四是加大对外宣传推介。新疆充分发挥展会平台作用，积极开展陆港区宣传推介，帮助企业对接进出口业务需求，抓订单、拓市场。截至目前，新疆已参与中国国际进口博览会、中国 - 亚欧博览会等大型展会活动40场次。新疆依托国内外新闻媒体宣传活动，真实反映陆港区建设发展成效，反映新疆经济社会发展的成就，累计接待来访调研等活动1300余场次。

朋友们，在新疆稳定发展的大环境下，我们乌鲁木齐国际陆港区将继续秉承"和平合作、开放包容、互学互鉴、互利共赢"的丝路精神，不断加强与丝绸之路经济带沿线国家共商共建共享，持续提升商贸物流服务，不断深化对外开放合作，参与和服务更多国际合作项目，服务更多国际贸易往来。在此，我们诚挚邀请各界朋友到乌鲁木齐国际陆港区走一走、看一看，更好地推动合作交流，促进我们共同发展。

我的介绍就到这里，谢谢大家。

徐贵相：
　　刚才，钟荷花副主任向大家介绍了新疆乌鲁木齐国际陆港区有关情况。接下来，我们将通过视频连线方式请新疆喀什经济开发区管委会副主任马海涛介绍开发区优势与发展情况。

马海涛：
　　大家好！现在我就新疆外向型经济情况作简要介绍。大家可以看到，我身后就是喀什综合保税区的主卡口，它有 10 进 10 出一共 20 条通道。我的左边是喀什海关的一站式服务大厅，喀什海关 40 名关员集中在这里办理喀什地区所有海关业务。我的右边是企业注册的地点，也是我们综合保税区管委会的办公地点。再往右侧，您可以看到一个蓝色玻璃幕墙综合体，这是一个建筑面积 1.8 万平方米的商业设施，我们在这里开展跨境电商货物的展示展销以及跨境电商企业的集中办公。我的前面是一些海关查验完毕等待出境的集装箱车和货车。喀什综合保税区是 2014 年封关运行的，近两年持续保持稳定的发展态势。下面，我来介绍一下喀什经济开发区的优势和发展情况。

喀什经济开发区于 2010 年经中央政府批准设立，是中国向西开放的重要窗口，也是丝绸之路经济带核心区建设的南疆支点，规划建设面积 50 平方公里，重点发展现代服务业和先进制造业。2021 年实现生产总值 50.8 亿元人民币，招商引资到位资金 40.3 亿元，进出口贸易额 86 亿元。目前区内注册企业逾 4000 家，其中外贸企业 216 家。我们正着力将开发区打造成为中国西部重要的经济中心、商贸物流中心、金融中心和国际经济技术合作中心。

喀什经济开发区是一片投资热土，在这里，不仅有优良的营商环境，企业还可以享受到中国西部大开发、海关特殊监管区域、国家级经济开发区等一系列特殊扶持政策。

喀什经济开发区不断深化对外开放，重点加强与周边国家和地区的合作，立足周边口岸资源，大力发展铁公空多式联运，包括开通了喀什至伊斯兰堡、拉合尔、法兰克福等城市的全货运航线，开行中国东部沿海城市经喀什至中亚南亚的公铁联运班列、卡车航班等，不断拓宽向西开放物流通道。

喀什综合保税区是喀什经济开发区对外开放的重要平台，规划建设面积 3.56 平方公里，瞄准出口导向型和周边国家优势资源加工利用型产业，大力发展保税加工、保税物流，今年前 5 个月实现进出口贸易额 46.2 亿元，外向型经济发展引擎作用不断凸显。今年 1 月中国政府批复设立中国（喀什地区）跨境电子商务综合试验区，进一步为喀什外向型经济发展注入新活力。

下一步，我们将进一步加大生产性基础设施建设，优化营商环境，不断改革创新，深化与巴基斯坦、吉尔吉斯斯坦等周边国家的经贸合作，为企业在这里投资创业提供更为优良的环境。

真诚欢迎各位到喀什来考察观光、投资兴业。我们将为您提供更加优质高效的服务！

选择喀什，赢得未来！

范增熙：

　　大家好！我是霍尔果斯经开区管委会副主任范增熙，非常高兴与大家视频连线交流。接下来请大家跟随短片，由我从 4 个方面向大家介绍霍尔果斯的 4 大发展优势。

　　一是区位优势。霍尔果斯位于素有"塞外江南"之美誉的新疆伊犁哈萨克自治州，与哈萨克斯坦接壤。新丝绸之路的主要线路就是当前我们常说的新亚欧大陆桥，东起连云港，途经霍尔果斯，西至欧洲第一大港口——鹿特丹，沿途辐射 30 多个国家和地区。霍尔果斯距离连云港约 4244 公里，距离鹿特丹约 6638 公里，恰好地处欧亚经济板块中心位置和核心位置，成为我国集公路、铁路、航空、管道、光缆、邮件"六位一体"的国家一类综合陆路口岸，被国家列入第一批设置"一带一路"通道的全国 6 个陆路口岸之一。

　　二是政策优势。2021 年国家财政部、税务总局公开发文明确："2021 年 1 月 1 日至 2030 年 12 月 31 日，对在新疆霍尔果斯特殊经济开发区内新办的属于《新疆困难地区重点鼓励发展产业企业所得税优惠目录》范围内的企业，自取得第一笔生产经营收入所属纳税年度起，五年内免征企业所得税。在享受五年免征企业所得税后，第六年至第十年免征企业所得税地方分享部分。"2021 年自治区人民政府将霍尔果斯置于"自治区一港、两区、五大中心、口岸经济带"规划布局核心地位。在金融政策方面，中哈霍尔果斯国际边境合作中心作为全国唯一一个"境内关外"跨境人民币创新业务试点地区，可以为境外银行、境外机构、境外个人以及合作中心内中方区注册企业提供离岸人民币服务。

　　三是开放平台优势。霍尔果斯有国际性常年开放铁路客货运输口岸。2022 年以来，铁路口岸年内新增过境班列通行线路 23 条，累计达 59 条，辐射德国、波兰、土耳其、俄罗斯等 18 个国家 45 座城市，货物品类涵盖百货、汽车配件、机电产品等。今年 1—5 月，铁路口岸班列累计开行 2696 列，同比增长 8.3%，过货量完成 1583 万吨，增长 4.5%。霍尔果斯有我国西部地区基础设施最好、通关条件最优的国家一类公路口岸。公路口岸年通关能力 300 万吨，进出境人员年查验能力 500 万人次。在这里通关，有着航运的速度、海运的价格优势。

四是营商环境优势。霍尔果斯在人才引进、招商引资、园区建设等方面先行先试，实行铁路口岸 7 天 24 小时、公路口岸 7 天 12 小时、合作中心 7 天 10 小时通关机制。我们将全力打造全疆手续最简、环节最少、成本最低、效率最高的服务高地。

在此，我真诚邀请大家来霍尔果斯旅游、观光、投资兴业！

徐贵相：

感谢范主任。通过您的介绍，我们看到了霍尔果斯经济开发区欣欣向荣、蓬勃发展的情况。祝愿霍尔果斯经济开发区抓住机遇，在向西开放过程中谋求更大发展。接下来，我们通过视频连线方式请新疆塔城地区口岸管理委员会副主任刘冲介绍巴克图口岸优势与运行情况。

刘冲：

新疆塔城地区巴克图口岸处于丝绸之路经济带北通道与中通道的交会点，是中国与哈萨克斯坦等中亚国家乃至欧洲各国进行经济、贸易和文化联系的重要窗口。

1992 年，塔城市被国务院批准为沿边进一步对外开放城市，巴克图口岸正式对外开放。1994 年，巴克图口岸被国家批准为一类口岸。1995 年 7 月，巴克图口岸正式对第三国开放。2020 年 12 月，国务院批复成立新疆塔城重点开发开放试验区。

2020 年 2 月，因新冠疫情原因，口岸临时关闭。同年 11 月 5 日，正式恢复货运通关。恢复货运通关以来，巴克图口岸坚持"封闭管理、闭环运行"，通过不接触通关模式，取得口岸疫情防控"零输入、零发生"的阶段性成果。口岸经济从"暂停键"切换到"启动键""加速键"，迅速恢复了了"人气""商气"。

巴克图口岸紧抓建设"丝绸之路经济带核心区"的机遇，以塔城重点开发开放试验区建设为抓手，大力营造"优质服务、高效通关"营商环境，迅速让口岸活起来，构建"买全国卖全球、买全球卖全国"的贸易格局，推动口岸"通道经济"向"产业经济""口岸经济"转变，促进地区外贸经济稳定增长。

一是在确保疫情防控安全的前提下，及时调整优化查验、消毒消杀流程，在原有甩挂、吊装、界桥交接等通关模式的基础上，今年再投入 1.8 亿元建设消杀通道、甩挂场二期等项目，做到边防疫、边施工、边通关，积极探索实行"货场甩挂""接驳"等通关模式，全面恢复货物进口，鼓励企业利用返箱回挂开展进出口贸易，不断提升通关效率，通关货运量稳步增长。2022 年 1—6 月，巴克图口岸累计出入境货物量

13.61 万吨，进出口贸易额 8.24 亿美元，同比分别增长 50.71%、21.82%，与 2019 年非疫情时期相比分别增长 45.25%、255.17%。

二是对到巴克图口岸开展进出口业务的企业实行 24 小时接受预约通关申请，实现"一表申请、一套材料、一次提交、一次办成"，切实为企业纾难解困；用足用活国家、自治区相关促外贸政策，制定出台符合实际的外贸保稳提质措施，鼓励支持外贸企业做大做强；全力推进中哈边民互市恢复运营，探索实行"大宗农产品直通加工企业"模式。目前，在口岸开展进出口贸易的企业已由 7 家增长至 139 家。

三是巴克图口岸当前正在扎实做好对外开放平台建设，已编制完成《新疆塔城重点开发开放试验区"三区"发展规划（2022—2030 年）》等规划，全力推进新疆自贸区塔城片区、塔城综保区、塔城跨境电商综合示范区申建力度，着力打造商贸物流、进出口加工和旅游产业平台；重点在外贸进出口、农副产品加工、中医药制造、国际商贸物流等相关领域加大招商引资力度，目前已入驻园区企业 43 家，到位资金 18.18 亿元；加快推进塔城国际公路港海关监管仓库、保税仓、边境仓和国际物流仓（一期）、大宗农产品交易市场（一期）、进出口产品加工园（二期）、跨境电商基地等建设，将逐步打造成全国一流的仓储、物流、加工、交易和农产品研发基地。

今后，我们将加大招商引资力度，加快口岸信息化和智能化建设，深化跨境贸易便利化措施，持续优化提升营商环境，不断提升对外开放的层次和水平，为新疆经济高质量发展作出贡献。

徐贵相：

非常感谢您向我们展示了塔城巴克图口岸基本情况以及运行状况。通过巴克图口岸，我们看到了新疆向西开放的蓬勃发展局面。接下来，我们将通过视频连线方式，请新疆金风科技股份有限公司总部公司常务副总经理房忠介绍企业积极开拓海外市场情况。

房忠：

非常荣幸分享金风成长发展的过程。1998 年开始，我们从天山脚下起步。24 年来，我们深度聚焦能源开发、能源装备、能源服务以及能源应用四大领域，致力于成为全球值得信赖的清洁能源合作伙伴。感谢社会各界的支持关注，我们荣获比如"2020 年度中国绿色低碳创新企业""2021 年助力碳达峰碳中和领军企业"等多个影响力奖项。

我们的风电合作伙伴遍及全球 6 大洲、32 个国家，公司全球员工超 10000 人，其中研发技术人员超 3000 名。

回顾成长历程，我们始终以科技创新驱动企业高质量发展。我们先后在北京、江苏、福建以及海外德国、丹麦等地建立 8 个研发中心，并与多所全球顶级院校深度合作，依托全球多元技术资源，构建起驱动前沿技术发展的核心动力。目前，公司累计申请全球专利超过 5600 项、累计参加制定国际标准 31 项。

我们始终认为风电事业是一场长跑。我们致力于通过技术进步促进产品性能提升，为全球合作伙伴提供稳定可靠高效的风电机组。一是不断专注于探索风电中速永磁和直驱永磁技术。二是致力于通过数字化转型推动产业升级，构建数字化风电场整体解决方案，为陆上及海上风电产品提供全生命周期解决方案，提升客户风电场资产价值。三是积极构建面向新型电力系统的零碳解决方案，在源、网、储、荷各能源环节进行优化和再造，创新能源资产管理模式，帮助客户降低能耗，全面助力"碳中和"。

我们始终坚持绿色发展。产业延伸至能源互联网、环保水务等领域，金风环保日处理污水能力超过 423 万吨，服务超过 1000 万人口。作为负责任的企业公民，我们自 2016 年起，和风电产业链伙伴一起，共同推动风电行业绿色转型。

我们始终坚持"为人类奉献碧水蓝天，给未来留下更多资源"。24 年来，金风科技为全球累计提供风电装机超过 86 吉瓦，每年提供约 1720 亿度绿色电力，帮助人类社会减少 1.8 亿吨二氧化碳排放。

我们期待与全球伙伴开展更广泛深入合作，一起助力全球能源转型，推动发展人人可负担、可靠、可持续的未来能源。谢谢大家。

徐贵相：

谢谢房总。您刚才给我们介绍了金风科技对外开放合作的情况，我们也了解了金风科技作为开放型企业积极履行社会责任的有关情况。祝愿金风科技乘着向西开放的列车迈向更加广阔的未来。接下来，我们将通过视频连线方式，请新疆霍尔果斯金亿国际贸易（集团）有限公司董事长于成忠介绍企业依托口岸开展对外贸易成长壮大情况。

于成忠：

大家好！对外开放给我带来了发展机遇，下面我来介绍我的企业在对外合作交流中发展壮大的故事。20 世纪 90 年代，看到霍尔果斯口岸向第三国开放的消息，我觉得这里一定大有可为。来到霍尔果斯口岸后，我开始做果蔬进出口贸易。刚开始做外贸很难，我出口的许多水果都是从南方运来的，运费高且不易存放。当时霍尔果斯还没有建市，只有一个口岸，基础设施也不完善，进出口果蔬损耗不小。但那个年代正是做外贸的黄金期，我顺应时代发展，生意越做越红火。

2010年，中央政府决定在霍尔果斯设立经济开发区。听到这个消息，我激动不已，感觉自己将迎来创业最重要的时期。当年，我成立了霍尔果斯金亿国际贸易（集团）有限公司。

2013年，我们公司2万平方米的果蔬保鲜库被批准为海关监管仓库，最多可容纳近5吨果蔬，这让我们出口果蔬更加方便快捷。

2014年，霍尔果斯建市，霍尔果斯进入高速发展时期。基础设施越来越完善，道路、医院、学校等各项市政配套设施让城市功能更加完备。来霍尔果斯落户、经商的人也越来越多，城市商业氛围更加浓厚。

2018年，霍尔果斯南部联检区——第6代国门正式启用，"双西"公路全线贯通。这次口岸基础设施提档升级，对我们企业来说影响深远。通过"双西"公路，霍尔果斯至阿拉木图的车程较之前缩短了大概2小时。再加上便利的农副产品快速通关绿色通道，进一步缩短了果蔬出口时间，提升了企业国际竞争力。

这几年，公司伴随着霍尔果斯的发展而发展，规模、产业都不断壮大。作为新疆农业产业化龙头企业，公司以果蔬保鲜库、果蔬加工车间以及全国15万亩出口果蔬生产基地为支撑，形成了以国际市场牵龙头、龙头带基地、基地连农户的运营模式，每年带动2000余农户就业增收，日均提供就业岗位600余个，为霍尔果斯市巩固拓展脱贫攻坚成果、实现乡村振兴作出了积极贡献。

现在，公司每天仍然保持约100吨的果蔬出口量。此外，去年6月，公司投资的金亿文化旅游综合体也正式开业了，这是集酒店、餐饮、影院、观光农业等于一体的文化旅游项目。公司还建设了农副产品加工厂，能加工果汁和罐头，进一步扩大对地产水果的消纳能力，增加产品附加值。

事实证明，在口岸创业机会是很多的，我当初的决定也是正确的。2021年，金亿国际贸易（集团）有限公司出口百货、果蔬等20余万吨，出口贸易额达20亿美元，主要出口到中亚五国及俄罗斯。今年1—5月，公司出口货物3万余吨，贸易额3.6亿美元。今年我们还开通跨境电商业务，通过公路口岸和中欧班列出口到中亚及欧洲国家。

回顾这些年公司的成长，无不是乘着国家政策的东风。随着丝绸之路经济带核心区建设步伐加快，我们将抓住大好机遇，积极开展国际交流与合作，推动企业不断发展。

我们相信霍尔果斯的未来会更有前景，我们公司的发展也会更加精彩。

徐贵相：

非常感谢您的介绍。通过您刚才展示的情况，我们了解到金亿集团在改革开放的大潮中一步步走来，特别是您选择在霍尔果斯，也就是中国西北这样一个地方开拓创业，创造了今天这么好的局面，我们为您感到高兴。祝愿金亿集团抓住中国向西开放的机遇，用好各项优惠政策，在对外交流合作中谋求更大发展，取得更好成绩。

徐贵相：

以上来自新疆经济领域的8位代表向大家介绍了新疆开放合作的有关战略谋划、政策措施、显著成效，以及未来的发展前景。相信大家对新疆作为中国向西开放前沿以及建设丝绸之路经济带核心区有了进一步的了解和认识。接下来，我与各位媒体记者进行互动交流，欢迎大家提问。

问

澳亚卫视：

上周英国谢菲尔德·哈勒姆大学海伦娜肯尼迪中心接连发布4份涉疆报告，炮制新疆存在所谓"强迫劳动"的谎言，但后来被证实是有组织、有目的地制造谎言。想问新疆方面是否看到这份报告，有何回应？

答

徐贵相：

这样的报告我们看了很多，看完之后觉得浪费了我们的时间。一是事实不准。他们根本没有来过新疆，不了解新疆劳动就业的真实状况，仅凭着谣言谎言就开展所谓的研究，没有学术性，更没有科学性可言。二是动机不纯。据了解，报告起草人以及该中心的出资人与恐怖势力臭味相投，已经沦为恐怖分子的帮凶，这样的人研究出的报告没有可信度。三是影响不大。国际社会对新疆的真实情况越来越了解，越来越多的人不会相信反华分子编织的谎言，许多有识之士积极评价新疆的劳动就业状况。最近我也注意到德国大众集团CEO赫伯特·迪斯明确表示，"我们可以确保在新疆大众工厂不存在强迫劳动"。我想，国际社会应该能够看清西方一些智库的小动作，不会上他们的当。

问

国际能源署执行董事日前说，2021年中国的多晶硅产能已占全球的79%，其中42%位于新疆。他还说光伏产能集中容易导致全球供应链极其脆弱，呼吁各国政府采取必要措施实现供应链的多元化。请问新疆方面对此怎么看？另外，能否介绍一下目前新疆多晶硅以及光伏产业的发展情况？受美国制裁的影响如何？

答

徐贵相：

首先，我们认为，光伏产能集中的状况是资源分布、技术差异、市场驱动等因素综合形成的，是国际光伏产业发展的正常现象，也是国际很多产业发展的普遍性规律。造成当前全球光伏产业链供应链脆弱的主要原因不是所谓的"光伏产能集中"，而是美国实施所谓"维吾尔强迫劳动预防法"对中国光伏产业进行恶意打压的后果。美方的恶劣行径，严重违背了市场规律和世贸规则，严重破坏国际贸易秩序，严重干扰全球光伏产业合作与发展，给正常的产业链供应链稳定造成冲击，这种冲击既会殃及全球光伏产业，也必然会反噬美国企业自身利益，是损人不利己的行为。

众所周知，多晶硅生产并非劳动密集型产业，而是技术和资本密集型产业。我曾经到一些光伏企业进行了调研，也了解一些情况。目前，新疆的多晶硅企业均达到国际一流水平，实现了高度自动化与数字化，5G技术已经充分应用到生产过程中。工厂中的大多数操作都是由电脑完成的，并不需要大量员工手动操作。例如，在粉碎与包装环节，引进自动化设备，据企业负责人介绍，该步骤所需的人力与10年前相比下降了50%。

近年来，一些媒体记者多次实地采访了新疆多晶硅生产基地，作了很多报道和介绍。需要强调的是，新疆的光伏企业都是合法注册、依法依规生产经营的企业，始终忠实履行企业社会责任，恪守商业道德准则，依法保障少数民族员工平等就业、不受歧视，保障他们的行动自由。多晶硅企业员工工资收入在当地属于中高水平，此外，公司还提供带薪年假、探亲假、年终奖等各类福利待遇，各族员工对工资水平和企业福利待遇普遍表示满意。

必须指出，新疆的光伏企业根本不存在所谓"强迫劳动"等问题。推动以光伏为代表的可再生能源发展，促进能源变革已成为世界各国发展共识，进一步加强交流合作，实现互利共赢也是大势所趋，这种趋势是任何恶意制裁都阻挡不了的。2021年新疆光伏硅基新材料产量46.94万吨，同比增长了30.9%。如果对新疆光伏产业进行制裁甚至恶意"灭绝"，恐怕要问问全世界的光伏市场特别是美国企业同不同意！

问

澳门月刊：

请介绍一下新疆的高等教育事业对外交流与合作情况。近年来有多少海外留学人员到新疆就业发展？

答

徐贵相：

新疆的对外交流合作是多方面的。今天我们主要为大家介绍了经济领域的合作情况，实际上在教育、科技、医疗、交通等方面，新疆都有着非常广泛的对外交流合作，将来有机会再给大家介绍更多的内容。

关于教育领域的对外交流合作，主要有以下情况。一是持续推进公派出国留学。2016年至今，教育系统公派出国留学人员涉及美国、英国、德国、法国、意大利、日本、加拿大等22个国家，累计派出人员338人。

二是积极实施"留学中国新疆"计划。新疆组织实施了中国政府奖学金、自治区人民政府接收周边国家来华留学生奖学金、国务院侨办奖学金等奖学金来华留学项目。2016年至今，我区7所高等学校累计培养来华留学生近2万人次。

三是不断丰富拓展中外合作办学。截至目前，我区中外合作办学项目共有7个，其中本科层次2个，专科层次5个，主要包括交通运输、建筑工程技术、电气自动化技术等专业。2016年至今，本专科累计招生1261人，目前在校生741人。

四是稳步推进国际交流合作。自治区先后成立中俄哈蒙阿尔泰区域高校校长联合会、新西伯利亚－新疆俄语中心、中国中亚国家大学生文化交流基地、中国－中亚国家大学校长联盟、丝绸之路亚欧院校（职教）联盟等国际交流平台，举办了一系列学术研讨活动。此外，新疆教育系统还进行了宽领域深层次多形式的国际交流合作。

徐贵相：

如果没有其他问题，本场新闻发布会到此结束，感谢大家参加。

新疆维吾尔自治区人民政府

The Press Office, the People's Government of Xinjiang

2022 年 7 月 22 日
July 22,2022

徐贵相
Xu Guixiang

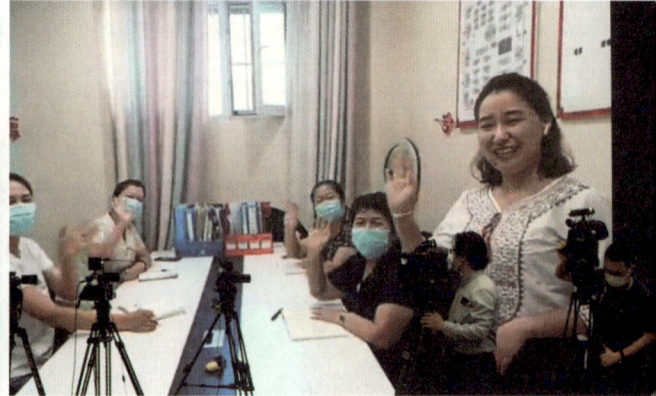

新疆维吾尔自治区第 78 场涉疆问题新闻发布会实录

2022 年 7 月 22 日，新疆维吾尔自治区举行专题新闻发布会。

徐贵相：

各位记者朋友，各位嘉宾，大家好！

欢迎参加新疆维吾尔自治区专题新闻发布会。我是新疆维吾尔自治区人民政府新闻发言人徐贵相。

首先，我向大家介绍参加本场发布会的人员。在现场参加的是新疆维吾尔自治区人民政府新闻发言人伊力江·阿那依提。另外还有9名新疆各族群众代表通过视频连线直播方式与大家进行交流，他们是：新疆昌吉州青少年活动中心教师巴丽根·杰恩斯、新疆大学生命科学与技术学院研究生黄婷婷、新疆于田县加依乡赴武汉企业务工人员玉素甫·胡加布都拉、新疆儿童医院医务部副主任吾斯曼·买买提、新疆昌吉市金城餐厅负责人梁强、新疆塔城市杜别克街道公园社区居民马连花、新疆乌鲁木齐市吉顺路北社区干部迪丽达尔·于提古、新疆库车市齐满镇甬库团结村村民艾合买提·格力、新疆阿克苏地区柯坪县玉尔其乡阿热阿依玛克村村民孜来汗·沙拉木。今天的新闻发布会除了现场境内外媒体记者外，我们还邀请了部分境外媒体在线参加，同时面向全球60多个国家和国际组织同步直播。

今天发布会的主题是"新疆的民族团结故事"。在这里，我首先向大家介绍一幅中国画《丰乐图》。该画创作于20世纪70年代，是著名画家黄胄的代表作，现珍藏于新疆美术馆。这幅画描绘了新疆各族群众载歌载舞庆祝丰收的欢乐场景，向大家展示了新疆各族群众的美好幸福生活，是新疆各民族平等团结发展进步的生动体现。

新疆历来是多民族聚居地区。在漫长的历史进程中，新疆地区各民族手足相亲、守望相助，共建美好家园，共创美好未来，形成了平等团结互助和谐的民族关系。各民族都是中华民族大家庭血脉相连、命运与共的重要成员，汉族离不开少数民族，少数民族离不开汉族，各少数民族之间也互相离不开。各族群众生活在一起、工作在一起、快乐在一起，像爱护自己的眼睛一样爱护民族团结，像珍视自己的生命一样珍视民族团结，像石榴籽一样紧紧抱在一起。

接下来，我请大家观看一段视频，内容是乌鲁木齐市南湖公园各族群众自发在一起跳广场舞的情况。

新疆全面贯彻党的民族政策，认真落实民族区域自治制度，颁布实施《新疆维吾尔自治区民族团结进步工作条例》等地方性法规，坚持不懈开展民族团结进步创建工作，深入开展"民族团结一家亲"活动，通过多种途径和形式促进各民族交往交流交融，铸牢中华民族共同体意识。

反观美国，种族歧视不断加剧，种族仇恨撕裂社会。美国非洲裔青年弗洛伊德"我不能呼吸"的呐喊还在回响，近日又发生了美国非洲裔青年杰兰德·沃克遭8名警察连开90多枪身亡的悲剧，这是美国"白人至上""种族替代论"等邪恶理论结出的恶果。美国作为联合国《消除一切形式种族歧视国际公约》缔约国，却不能祛除本国系统性种族歧视的顽疾，这不但严重侵犯了少数族裔的人权，也严重违反了国际公约原则。美国一些政客不正视自身存在的问题，反而不遗余力地抹黑新疆的民族团结状况，这是极其虚伪而荒唐的行径。

"天山雪松根连根，各族人民心连心。"接下来，我们一起听一听新疆各族群众讲述的民族团结故事。

首先，请新疆昌吉州青少年活动中心教师巴丽根·杰恩斯介绍多民族少年儿童一起学习舞蹈、快乐成长的情况。

巴丽根·杰恩斯：

大家好！我叫巴丽根·杰恩斯，是昌吉州青少年活动中心的一名舞蹈教师，哈萨克族，今年26岁，毕业于新疆艺术学院舞蹈专业，现在从事舞蹈教育已经有8年时间了。

我后面这些可爱的小朋友就是我教的舞蹈班学生，这里面有汉族、回族、哈萨克族，孩子们利用暑假时间来这里学习舞蹈。大班教授的舞种比较丰富，有维吾尔族舞蹈、哈萨克族舞蹈、傣族舞，还有汉族民间舞蹈胶州秧歌。学习不同舞种，可以让小朋友们接触到不一样的民族文化，在艺术氛围中互相学习，共同进步。

现在孩子们练习的就是维吾尔族舞蹈的基本动作，节奏欢快，小朋友也特别喜欢。新疆孩子好像自带舞蹈基因，所以别看他们年龄小，已经会跳很多舞了。

我们班的学生王露娜，今年10岁，是一位回族小朋友。她非常喜欢跳舞，已经练了4年多了。她跳得非常好，上课的时候非常认真，经常参加各项舞蹈比赛，获得了很多奖项。班里的其他小朋友都很喜欢她。

还有爱丽娜同学，今年8岁，是一位哈萨克族的小朋友。她的普通话说得非常好，非常喜欢帮助同学。小朋友有动作不会做，她会耐心地给同学们示范，小朋友们都很喜欢她。

班级的小朋友非常活跃，一下课就在一起做游戏，还会一起分享自己带的玩具和零食。

平时上课，孩子们穿统一的舞蹈服、舞蹈鞋、舞蹈袜，主要是为了孩子们方便学习，做动作不受拘束。舞蹈教室非常宽敞，教室地面都是厚垫子，一整面大镜子可以让小朋友们全方位看到自己。教室还配备了电脑、音响、投影仪、大屏幕等电教设备，给孩子们提供更好的学习条件。

此外，我们昌吉州青少年活动中心还有电子琴兴趣班、绘画兴趣班、跆拳道兴趣班等，深受各族青少年喜爱，每年寒暑假都有很多孩子报名。

接下来，孩子们给大家表演一段哈萨克族舞蹈，请大家欣赏。

我的介绍完了，谢谢大家。

徐贵相：

谢谢巴丽根·杰恩斯老师的介绍。非常感谢你和孩子们的精彩舞蹈表演。通过你的介绍，我们了解到，在青少年活动中心，各族小朋友在一起快乐成长，生活在一起，学习在一起，玩在一起。特别是你们给我们带来了精彩的舞蹈表演，我们看了之后非常高兴。祝愿你工作顺利，孩子们茁壮成长。

接下来，我们将视频连线新疆大学生命科学与技术学院研究生黄婷婷和她的同学们，请她们讲讲她们学校的民族团结故事。

黄婷婷：

大家好！我叫黄婷婷，是新疆大学生命科学与技术学院微生物学专业 2021 级硕士研究生，汉族，来自新疆伊犁。

张佳雪：

我叫张佳雪，现就读于生命科学与技术学院微生物学专业，汉族，也来自伊犁。

艾米代·阿力普：

我叫艾米代·阿力普，现就读于生命科学与技术学院动物学专业，维吾尔族，来自新疆奇台。

阿依先木古丽·买提肉孜：

我叫阿依先木占丽·买提肉孜，现就读于生命科学与技术学院植物学专业，维吾尔族。下面由我们来给大家讲一下我们宿舍的故事。2016 年 8 月，我们来自新疆各地的 4 个姑娘，相聚于新疆大学生命科学与技术学院生物技术专业 2016-1 班。我来自玉石之乡于田县，黄婷婷和张佳雪来自塞外江南伊犁，艾米代来自古城奇台。虽然来自不同地域和民族，但我们都有共同的理想和远大的目标。大学期间，我们通过自身努力以及姐妹们的互帮互助，成绩优异，都获得了免试攻读研究生的资格。缘分使我们再次相聚在新疆大学博达校区 2 号楼 B225 这个温馨的家庭，开启了我们研究生阶段的学习生活。

张佳雪：

我们 4 个人相识于本科阶段，相知于研究生阶段，很开心又分到同一个宿舍。大家相处和谐融洽，温馨的宿舍环境让我们每个人都有家的温暖与归属感。我们在一起相互陪伴、激励，共同成长，经常会在宿舍兴致勃勃地讨论家乡的发展和对未来的规划。我们常常一起上课、一起去图书馆自习、一起讨论学业，彼此启迪，碰撞出思想的火花。我们一起打扫宿舍，保持整洁的环境。假期后，我们会带来自己家乡的特产跟大家一起分享。还记得我们做课题实验时，遇到暂时的困难，我们会聚在一起想主意、想办法，毫不吝啬地交流分享经验。所有这些，虽然都是生活中的点滴小事，但饱含的都是我们彼此的信任和关心。身后的室友永远都是我们前进的动力和支持！

艾米代·阿力普：

我一直觉得，相遇是奇妙的，相知是美妙的。我们4个人虽然来自不同地方，相处却很融洽很和睦，就像一家人一样。我很庆幸有她们这样的好姐妹。在我们这个团结友爱、和谐共处的小家庭里，民族之花长开，友谊之树长青，温馨之爱长存。

徐贵相：

感谢同学们的介绍。看到你们其乐融融，像一家人一样，在一起学习、生活，真的非常羡慕，也感到非常欣慰。我们不同民族的同学都是中华民族大家庭的成员，都是一家人。在此祝愿你们学业有成！就像你们说的那样，祝愿民族团结之树长青，民族之花常开。

徐贵相：

在新疆，民族团结的生动故事很多。我了解到，在哈密市阿勒屯村，有一对汉族和维吾尔族好朋友，他们在一起工作生活40多年，形成了兄弟般的真挚情谊。接下来，我们看段视频，了解他们的故事。

谢谢大家的观看！通过这段平凡的故事，我们能体会到其中的大道理、真感情。像这样不同民族之间的兄弟般的感情，感动了很多人，也促进了新疆民族团结进步事业。

在新疆还有很多少数民族群众到中国的其他省份去务工就业，他们在这些地方工作生活怎么样？接下来，我们请新疆于田县加依乡赴武汉企业务工人员玉素甫·胡加布都拉介绍他在武汉务工的有关情况。

玉素甫·胡加布都拉：

大家好！我叫玉素甫·胡加布都拉，现在在湖北武汉一家以生产空调为主的科技有限公司工作，我从新疆来到这里工作已经3年多时间了。

我的家乡在新疆和田地区于田县加依乡。以前上学的时候，每逢假期，我就跟着父母种地、在县城打零工。看着爸爸妈妈那么辛苦，还没有多少稳定收入，我就决定，一定要到外面去看看，多挣钱，改变家里的生活。中专毕业后，通过村里朋友的介绍，我关注到了这家公司，吸引我的主要原因就是工资福利待遇特别好。

2019年11月，我顺利通过招聘考试，成了这家公司的一名员工。公司和我签订了劳动合同，给我购买了养老、医疗、失业、工伤等保险，每年安排免费体检。公司还提供免费食宿。宿舍配了被褥、洗漱用品和床单被套，空调、卫生间、热水器都是齐全的，生活非常方便。我们几个人住在一起，都非常开心。

刚来的时候，我还有点担心，因为那个时候还什么都不会，我的普通话也不是很好。公司安排老员工手把手地教我们。我和我的好大哥王师傅就这么认识了。

王师傅：

我身边这位新疆的朋友很不错。通过自身的努力，首先他的普通话水平比来之前提升了很多，现在我们基本上都能实现无障碍交流。第二，他不但提升自己的业务水平，还能团结同事，服从管理，保质保量完成工作任务。第三，我们之间的关系很不错，经常一起健身。

玉素甫·胡加布都拉：

王师傅是这家厂子的老员工了，经验非常丰富。我那时候普通话特别差，交流起来有些费劲，特别是一些工作需要的专业词汇，我完全听不明白。王师傅就一遍又一遍地耐心给我演示，也不急，也不气，就是反反复复地给我说，直到我学会了为止。我感受到了哥哥一样的温暖。经过这些年的历练，我现在已经成长为一名熟练工了，并被提拔为生产线组长，工资涨到了4500多元。

工作时间久了，我和王师傅之前的感情也更好了。发了工资，我们俩也会叫上朋友们一起去外面的餐厅聚一聚。他们知道我是穆斯林，所以每次都让我定地点，跟着我一起吃清真餐。他们还要跟我抢着付钱，每次都跟我说，你从那么远的地方过来，我们照顾你是应该的。今天，我来给大家介绍情况，也是王师傅替我顶的班。闲的时候，我们一群同事会一起去打台球、打牌，也会去一些景区游玩。

公司这边我们家乡人也比较多，所以公司单独给我们开设了清真食堂，平时有抓饭、拌面，也有烤包子、鸽子汤。汉族同事们也经常会来我们食堂尝一尝特色美食。每次过节，都是我们最开心的时候。每次春节放假回来，我都会给同事们带我们家乡的特产。他们特别喜欢我们的干果，比如葡萄干、巴旦木、无花果。他们都夸新疆不愧是瓜果之乡，啥都是甜的。他们也会给我们带一些家乡的特产，比如枇杷、杨梅、山竹之类的。

在过古尔邦节、中秋节的时候，公司还有聚餐，给我们做烤肉、大盘鸡，还组织联欢活动，一起热闹热闹。我们教汉族同事们跳麦西来甫，他们教我们用武汉话唱歌，结果，我现在的普通话都带着点武汉本地腔调了。汉族同事们也是，见面就是一句"亚克西木"，还挺标准。

我非常感谢我的同事们，是他们让我在这里有了家一样的感觉。我也相信，通过我自己的努力，会让自己的能力得到提高，让家里的生活变得更好。现在，我的目标正在一步步实现。

徐贵相：

谢谢玉素甫·胡加布都拉的介绍。你从家乡到武汉工作，这么短的时间就适应了当地的工作要求，熟练地掌握了技术，发生了很大变化，真让人高兴。尤其是你介绍到王师傅和同事们对你的帮助，真正体现了"民族团结一家亲"的深刻道理。祝愿你在武汉工作生活顺利，与各族同事和睦相处！

乌鲁木齐有一所新疆儿童医院，是北京市对口援建的医院，医院里各族医生工作在一起，结下了深厚的情谊。接下来，我们视频连线新疆儿童医院医务部副主任吾斯曼·买买提，请他讲一讲他们医院的民族团结故事。

吾斯曼·买买提：

大家好！我是新疆维吾尔自治区儿童医院医务部副主任吾斯曼·买买提，很高兴参加今天的新闻发布会。新疆儿童医院是一所集医疗、教学、科研、预防保健于一体的三级儿童专科医院，目前在北京儿童医院托管下正加快建设国家儿童区域医疗中心；现有开放床位 574 张，年诊疗患者 30 余万人次；在职员工 874 人，来自汉族、维吾尔族、哈萨克族、达斡尔族等 13 个民族，少数民族职工占到近 40%。在我们医院，各民族职工之间、医生和患者之间互帮互助，相亲相爱，大家团结和睦，其乐融融，医院处处盛开着民族团结之花。

新生儿科是新疆新生儿疾病筛查中心和危重新生儿转运救治中心，主要负责南疆 4 地州的新生儿疾病筛查工作。过去 25 年里，该科室通过筛查、诊断、治疗、康复随访，全程救助了汉族、维吾尔族、回族等多个民族的 500 余名患儿，受到广泛好评。这是新生儿科的医生们在南疆基层开展随访诊治工作的照片。

血液肿瘤科是疆内最早开展儿童血液系统疾病救治的学科，日常用血量很大。在科室学科带头人迪力木热提·斯热基丁和负责人姚彤的带领下，科室全体职工和全院各族职工，甚至职工家属，都加入了为各族危重患儿献血的队伍。每年献血已经成为科室职工的惯例，大家一心只为各民族患儿能够在自己的帮助下早日康复。

泌尿外科学科带头人阿布都赛米·阿布都热衣木是一名优秀的少数民族专家。他在北京儿童医院著名专家孙宁教授的指导下，带领团队开展了 10 余项新技术新项目，拓展了疑难病症的救治范围，大幅提升了学科的救治能力，同时也在疆内起到了引领作用，受到各族患者家属广泛赞扬。

儿科专家罗新辉副院长每周的专家号都人满为患。为了能更好地救治各族患儿，2018 年由罗院长牵头成立了新疆儿科疑难危重专科联盟，包括 108 家联盟单位，她本人通过该联盟培养了大批基层各族儿科医生，并积极帮助基层医院救治各族危重患儿。她经常组织各专业多学科的各族医生进行疑难病症讨论，不分昼夜地查房和调整治疗方案，抢救成功率达到 95% 以上。由她治愈的各族患儿遍布全疆各地，有的已经上了大学，有的已经结婚生子，现在还经常能见到专程来向她表达感谢的患者及其家属。

在我们医院，像这样"你中有我、我中有你"的民族团结进步故事还有很多，每天都可以看到这些温馨感人的画面。7月初，来自我们医院和北京儿童医院的28位专家、学科带头人举办了大型义诊活动，为新疆各地各族患儿提供义诊服务，总共接诊1000多名各族患者儿童。有了国家和自治区对新疆儿童医院的关心支持，有了北京儿童医院专家每年80人次来我们院进行手把手的帮扶，现在医院各族职工更加团结、更加努力，大家铆足了劲要把我们医院早日建设成国家儿童区域医疗中心，为实现健康新疆而努力工作。

徐贵相：

感谢吾斯曼医生的介绍。非常敬佩你们精湛的专业技术，同时也非常欣赏你们之间团结协作、和睦相处的融洽关系。就像你刚才讲到的，医院里处处盛开着民族团结之花。新疆儿童医院是民族团结的一个缩影，天山南北处处绽放着民族团结之花。

接下来，请伊力江·阿那依提新闻发言人继续主持。

伊力江·阿那依提：

大家好！新疆各族青年一起工作、共同致富的民族团结故事每天都在上演。接下来，我们将视频连线新疆昌吉市金城餐厅负责人梁强，请他介绍发生在他身上的民族兄弟情。

梁强：

大家好！我叫梁强，今年40岁，是新疆昌吉市的一名个体工商户。这是我的搭档，也是我的好兄弟买买提江。2005年我从甘肃来到昌吉，和买买提江在同一家牛肉面馆打工。我拉面，他烤肉，老板说我们俩是他店里的定盘星。我觉得我们俩的关系就像新疆的烤肉和拉面一样分不开。

买买提江：

大家好！我叫买买提江，在昌吉长大，现在是梁强的合伙人。我比梁强小一岁，当年在牛肉面馆打工的时候比他晚来一个月。时间不长，我就发现他特别能吃苦，人很实在，干活不计较，特别会关心人。慢慢地我们俩关系越来越好，就像烤肉和拉面，永远都是我们新疆美食江湖上的"最佳组合"。

梁强：

　　刚来昌吉，人生地不熟。除了上班，就是回宿舍睡觉，两点一线，哪儿也没去过。买买提江来了一个多月后，有一天下班早，他叫我出去吃饭。他带我来到昌吉最出名的艾尼烤肉店，我们两个人一边吃烤肉，一边喝啤酒，越聊话越多，感觉特别投脾气。

买买提江：

　　2010 年 5 月，我们原来的老板不想干了。梁强心动了，但手头没有多少钱。我说，只要你干，我就跟上干。他犹豫了一下，开始到处借钱，把这个牛肉面馆盘下来了。

梁强：

　　我那时候压力特别大。装修时为了省钱，买买提江和我天天在店里给装修师傅当小工。好不容易新店开张了，我请买买提江当烤肉师傅。那时候，我没钱，根本雇不起员工。买买提江在前堂，一边盯着槽子上的烤肉，一边招呼客人、倒茶端饭，闲下了还到后堂帮我和面、洗碗，哪儿没人他就顶到哪儿。

买买提江：

　　那时候来昌吉的人越来越多，生意也越来越好，梁强提出来开 24 小时店。每天半夜四五点钟，他就骑个电动车，不管刮风下雨，不管天多冷下多大雪，他都要到市场上拉肉、买菜、进货，回来赶紧又和面、配菜，下午没人的时候才能眯一会儿。那个苦一般人吃不下，只有梁强。

梁强：

　　我爸他们从老家来看我，买买提江就把他们拉出去转着玩，请他们吃新疆的特色美食，我们一家人都特别感动。我爸到现在还叮嘱我，买买提江是你的好兄弟，一定要好好珍惜这个缘分。不光对我爸，我的甘肃老乡或者朋友来了，他都热情地接待。老乡们都说，你从哪儿找的好兄弟，你们新疆人真好！

买买提江：

　　我妈有时候来店里找我，梁强就给我妈做好吃的，走的时候还给带上菜呀、油香啥的，就害怕我妈拿少了。2013年梁强买楼房，劝我也买，我心里痒痒但钱不够，梁强就借给我5万元，让我赶紧买楼房。他搂着我的肩膀说，我们是兄弟，你啥时候有了钱啥时候还。

梁强：

　　2019年7月，我们开了第一家分店，投了130多万元，买买提江还是我的合伙人。他雇了两个烤肉师傅，我又招了15名员工。现在我们的金城餐厅是一个汉族、哈萨克族、维吾尔族、回族、蒙古族等5个民族组成的大家庭，我们俩每年光是给员工发工资就将近200万元。短短16年，我和买买提江从打工仔变成了小老板，有房、有车、有事业。我们还打算明年再开一家分店。

买买提江：

　　小时候，我们的爷爷、爸爸经常跟我们说：金银财宝不算真富，团结和睦才是幸福。我和梁强干的生意虽然不大，但我们是有梦想、有追求、有志气的好兄弟。

伊力江·阿那依提：

　　听完梁强和买买提江合伙创业的故事，了解到他们一起工作、一起创业的经历，我们深受感动。他们的故事是新疆各民族团结互助、像石榴籽一样紧紧抱在一起的生动写照。

伊力江·阿那依提：

　　前不久，短视频平台上有个新疆塔城市的多民族大家庭吸引了很多网民的关注和点赞。接下来，我们将视频连线这个大家庭，请他们给我们讲讲多民族大家庭幸福的故事。

马连花：

大家好！很高兴通过今天的连线介绍我们这个大家庭。我们的大家庭共有 7 个民族，大家都是经过自由恋爱组成家庭。对所有子女的婚姻，我们的父母一直都是尊重而且包容的，只要孩子们愿意，两个人感情好，父母就支持。

我的大弟媳是哈萨克族。当时家庭并不富裕，父母为他们办了简单而热闹的婚礼。结婚后，大弟媳的哈萨克族风干肉、那仁很快就"俘获"了我们全家人。

我的四弟媳吐汗古丽·买买提是维吾尔族。她和我弟弟结婚这么多年，两个人相互扶持，感情特别好。

五弟媳魏柱群是汉族，来自四川，结婚后也很快融进了我们这个大家庭。

我母亲在世的时候经常叮嘱我们，一大家子人要想过得幸福，就要替别人多想一点，想自己少一点。这也是我们家的家风，每个人都在替他人考虑，互帮互助，一起把日子过好。

我们家最甜蜜的苦恼就是过节了。从春天到冬天，我们有过不完的节日。诺肉孜节、古尔邦节、春节、中秋节，从春天到冬天，几乎每个月都有我们的节日。只要过节，我们家里的美食就数都数不过来。

我们经常开玩笑说，新疆的美食在我们的餐桌上都有了。馓子、油香、列巴、那仁、风干肉、抓饭、烤肉……我们也分不清是哪个民族的美食了，满满当当的摆好几张桌子。家庭晚会上，就像文艺汇演一样，冬不拉、手风琴弹起来，你一首《掀起你的盖头来》，他一首《黑走马》，跳起麦西来甫、踢踏舞，欢乐的气氛经常让邻居都忍不住加入了。

这是我的侄女马小宁。

马小宁：

大家好！我叫马小宁，是维吾尔族。我现在在塔城市第二小学上 5 年级。欢迎大家来我家。这是我的妈妈，她是维吾尔族。这是我的爸爸，他是回族。这是我的大妈，她是哈萨克族。我的表姐是俄罗斯族。我们一大家子有 62 口人，现在你们看到的只是其中一小部分。

马连花：

这是我的外甥女车红妮。

车红妮：

大家好！我叫车红妮。我是俄罗斯族，我的妈妈是回族，我的爸爸是俄罗斯族。他们两个人是高中同学，爸爸主动追的妈妈，是自由恋爱。当时爸爸经常去妈妈家，又是帮姥姥干家务，又是帮姥爷干活儿，还经常带点小礼物讨好他们。姥姥姥爷每次看到他，就笑得特别开心。他一段时间不来，两位老人就开始念叨，是不是吵架了，怎么不见人了。相处时间久了，姥姥姥爷都知道我爸爸人品好，最终就同意他们结婚了。结婚后，爸爸妈妈相处得一直很好，从来没有红过脸。在我和弟弟的婚姻上，爸爸妈妈尊重我们自己的选择。我的丈夫是俄罗斯族，我弟弟娶了回族媳妇，用妈妈的话说，"回族、俄罗斯族都一样，都是我们俩的孩子"。

马连花：

这是我的四弟媳妇吐汗古丽·买买提。

吐汗古丽·买买提：

大家好！我叫吐汗古丽·买买提，马小宁是我女儿。从我女儿身上你们也能看出来，我年轻的时候长得也很漂亮。我老公那会儿经常主动找我聊天，帮我家干活儿，还给我爸妈送礼。时间长了，我爸妈就觉得这年轻人不错，又老实，又踏实，嫁给他，我应该不会吃苦。我刚开始还担心我老公的父母不接受我，结果，见了第一面两位老人就喜欢上我了。我们俩结婚以后，一起努力打拼，现在日子过得越来越好。

马连花：

这是我的大弟媳库来。

库来：

大家好！我是库来，哈萨克族。我们家现在特别热闹，只要大家凑在一起，说普通话、维吾尔语、哈萨克语、俄罗斯语的都有。我们平常也会开玩笑地说，我们这一家子的孩子们，从小就会好多种语言。

马连花：

   这是我的外甥女婿成坚。

成坚：

   大家好！我是成坚，俄罗斯族。在塔城，像我们家一样的家庭太多了。我们常说是爱把我们变成了一家，我们也相信我们的子女会把这份爱继续传递下去。

伊力江·阿那依提：

   谢谢马连花带我们一起了解了你们7个民族62口人的大家庭。大人们相亲相爱，孩子们茁壮成长，我们也感受到你们的幸福氛围。祝愿你们今后全家幸福，一切顺利！在新疆，像这样的多民族大家庭还有很多，今后我们还会陆续向大家介绍。

   接下来，我们视频连线新疆乌鲁木齐市吉顺路北社区干部迪丽达尔·于提古，请她介绍一下她所在的多民族社区的故事。

迪丽达尔·于提古：

   乌鲁木齐市吉顺路北社区成立于2012年7月，现有1740户5219人，居住着汉族、维吾尔族、回族、哈萨克族、蒙古族等11个民族。我现在所处的位置是吉祥大道，社区居民把它称为民族团结大道。在这里，有很多民族团结的故事，接下来我给大家一一分享。

   第一个是我们一起过节日的场景。过节是社区最热闹的时候。不管哪个民族的传统节日，社区都会变成欢乐的海洋。春节、中秋节、肉孜节、古尔邦节、诺肉孜节，不管是哪个民族的传统佳节，大家都会一起庆祝，左邻右舍互相送上节日祝福。这家炸了馓子给邻居送一些，那家多买了瓜果也给大家分一分。社区也会举办各式各样的文化体育活动，大家聚在一起就跟一家人一样。刚刚过去的古尔邦节，我们社区举办了一场联欢活动，社区居民都积极踊跃参加，现场十分热闹喜庆。在新疆，只

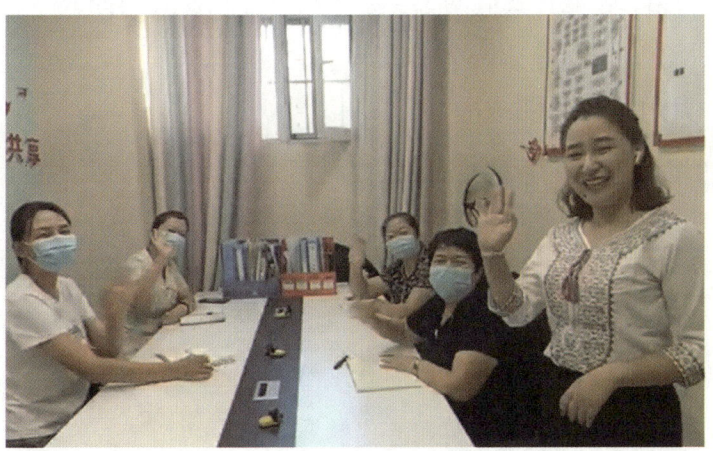

要麦西来甫的音乐一响起，不管是老人还是孩子，不管是哪个民族，都能上来舞一曲。

第二个是我们举办"邻里节"活动的场景。都说远亲不如近邻。我们社区坚持举办"邻里节"活动，邀请大家讲一讲邻居的好，分享一些暖心的故事。比如，2019年5月，独自在家的艾则孜突发脑出血，晕倒在家。危急时刻，邻居简南宇赶了过来，抱着他一路小跑下了楼，开车就往医院赶。在医院，简南宇帮艾则孜垫付了住院费，忙前忙后帮着办理住院手续。自那之后，这两家就成了亲兄弟。要想邻居关系好，良好的沟通是关键。针对我们社区居民有很多民族，有些年龄大的居民用普通话交流起来有些困难，我们就建了民族团结长廊，夏天傍晚大家聚在一起乘凉、打牌、聊天，时间久了，好多居民都会用好几种语言进行简单交流。最有意思的就是，社区居民见面打招呼，一会儿是普通话，一会儿是维吾尔语，一会儿是哈萨克语，冷不丁还有一两句蒙古语。

第三个是我们的居民议事厅。一个这么大的社区，难免有些意见不一致。遇到问题了怎么办？来我们的居民议事厅，大家一起商议。在这里，你说你的想法，他说他的意见，然后求同存异，寻找最合适的办法。比如，停车位怎么分配，物业公司是不是尽职尽责，还有一些邻里纠纷，都能在这里得到解决。比如，社区居民帕尔哈提和王晓莉，因为车辆剐蹭闹红了脸，两家各执一词，都认为自己没有错。原本一件小事儿让两家心里有了疙瘩。我们就把他们两家请过来，详细了解了事情的经过，也请其他居民讲了他们的看法。最后，两家人都觉得做的不对，互相道了歉，还成了好朋友，他们还一起合作开了一家农家乐。帕尔哈提擅长烧烤手艺，王晓莉擅长经营策划，生意做得红红火火。

最后，我想跟大家分享我们吉顺路北社区所有居民一直坚持的一个理念，这就是民族团结是我们的生命线。我们深知：只有团结，才能让我们的日子越过越好；只有团结，才能让我们的家乡越来越好。只要我们拧成一股绳，我们的明天就会更加美好。

伊力江·阿那依提：

谢谢迪丽达尔·于提古的介绍。通过你的介绍，我们对你们社区各民族居民守望相助、其乐融融的民族团结新画卷有了新认识。祝愿你们社区未来发展得越来越好，社区居民生活越来越幸福！

在新疆的农村地区，民族团结的故事还有很多。接下来，我们将视频连线新疆库车市齐满镇甬库团结村村民艾合买提·格力，请他介绍一下他所在的村子里汉族、维吾尔族村民互相帮助、共同致富的故事。

艾合买提·格力：

大家好！我叫艾合买提·格力，是新疆库车市齐满镇甬库团结村的农民，今年49岁。我们的村子原来叫莫玛铁热克村，维吾尔语是"一棵树"的意思。这些年在浙江省宁波市的帮助下，我们村成了远近闻名的旅游村、幸福村，大家的日子越过越好。

为纪念宁波和库车两地的友谊，我们把村名改成了"甬库团结村"。"甬"是宁波的简称，"库"自然就是我们库车市了。

我们村里有维吾尔族、汉族，大家共同生活，邻里之间相互帮助，就像一家人一样。民族团结是我们的光荣传统。老人们经常叮嘱我们：兄弟齐心，啥都能干成；兄弟不一条心，馕都吃不到嘴里。

小的时候爸爸去世得早，我们家里比较困难，我和姐姐经常去我的邻居孙成忠家里吃饭。时间长了，我们就把他当成自己的亲生父亲一样，我们都叫他"孙爸爸"。孙爸爸把我们当自己的孩子，我们和他的孩子吃得一样、穿得一样，他有钱就给我们买身新衣服，困难了我们几个孩子衣服就混着穿。

1995年，我要结婚了，可是家里面并不富裕。当时，孙爸爸二话不说，给了我5000元。为了让我的小家致富，孙爸爸还给我买了一辆拖拉机。虽然现在我已经49岁了，有了自己的孩子，但孙爸爸还是把我当成小孩子一样"唠叨"："不要养成酗酒的坏习惯，要勤快地干活。"就连我种的麦子、棉花，什么时候该播种，什么时候该打尖，他也总是不厌其烦地替我着想。

2008年，正值春播农忙时节，孙爸爸骑摩托车不小心摔断了腿。我知道后放下手里的活，立刻赶到医院看望他。我想留下来照顾孙爸爸，孙爸爸不同意，说："春播没种好，这一年就算白搭了，你赶紧回家播种小麦。"我说："今年的地荒了没关系，明年可以再种，但是如果您的腿不好好治疗，那就坏了，再也治不好了。"就这样，我一直在医院照顾孙爸爸，直到他能自己下床活动我才依依不舍地回家。

如果你问我，民族团结是什么样的？我会告诉你，汉族、维吾尔族都是一样的，就像是一个爹娘的两个孩子。我们中华民族就是一个大家庭，各民族就是像石榴籽一样紧紧抱在一起的一家人，我们共同努力建设美好的家园、创造美好的生活。

伊力江·阿那依提：

谢谢艾合买提·格力的介绍，让我们了解了汉族、维吾尔族的村民邻里和睦相处、团结友爱的动人故事。

近期我也了解到，在新疆阿克苏地区柯坪县玉尔其乡，有一位维吾尔族妇女，名字叫孜来汗·沙拉木，她主动为湖北省武汉市一位汉族患者捐献了造血干细胞。她的大爱感动了很多人。接下来，我们看一段视频，听听她的讲述。

孜来汗·沙拉木：

大家好！我是孜来汗·沙拉木。我的家乡新疆柯坪县是个非常美丽的城市，这里曾是古丝绸之路的重要驿站，历史文化悠久，自然风光独特，欢迎大家来柯坪县做客。在柯坪县生活有维吾尔族、汉族、柯尔克孜族、回族等很多民族，我们工作、学习、生活在一起，亲如一家人。

我和武汉市的一个婴儿的缘分要从 2019 年说起。那年秋天，我在柯坪县红十字会参加了无偿献血。现场工作人员向我介绍了捐献造血干细胞能够挽救血液病患者生命的情况。我当时想，我的一点点爱心，也许能够挽救一个生命，拯救一个家庭，也是个挺有意义的事。我就决定加入捐献造血干细胞志愿者队伍。

2021 年 5 月，红十字会工作人员通知我，与武汉市一个患者配型成功了，是一名还不到 1 岁的婴儿。我刚开始有些紧张，担心自己吃得不够好，营养不够用，捐献了也不能用，让对方家里人空欢喜一场。在红十字会工作人员和县医院医生的指导下，接下来的一个月里，我们一家人作足了准备。我每天坚持运动，妈妈又是给我炖鸡汤，又是给我煮羊肉，一家人都想着一定要成功，帮助那个婴儿活下去。

那年 6 月 17 日，我成功捐献了造血干细胞。医生告诉我一切都很顺利，肯定能用。我当时躺在床上，想着我的造血干细胞肯定已经坐着飞机，飞到了武汉市，飞到了那个小婴儿身边。带着我满满的爱心，他一定会健康成长，他家人一定会很高兴很开心吧。

后来，红十字会工作人员告诉我，接受捐赠的是一个汉族家庭，孩子状况很好。我当时就长舒了一口气，觉得自己所有的付出都有了意义。现在，

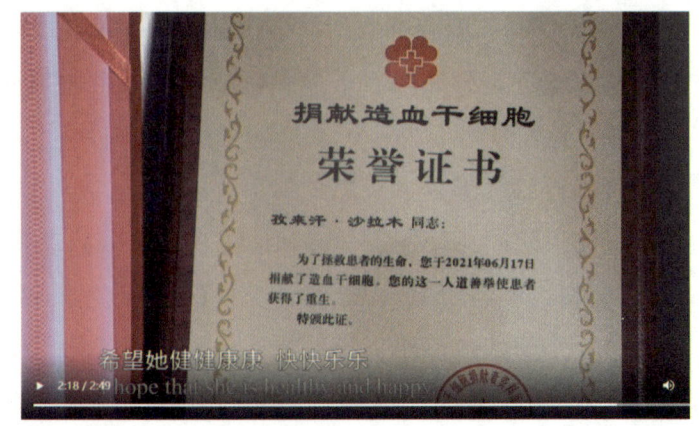

我也结婚了，有了自己的小孩。有时候，我看着自己的孩子就会想到武汉市那个素未谋面的孩子，希望他健健康康、快快乐乐。

我是柯坪县第一个造血干细胞捐献者。很多人听说了我的经历，夸赞我是民族团结的模范，我觉得很自豪，也感觉这是理所应当的事情。在我身边，这样的事儿还有很多。我们各个民族本来就是兄弟姐妹，谁有困难了帮一把，我觉得这都是应该做的。

徐贵相：

各位记者朋友、各位嘉宾，以上来自新疆基层的9名各族群众代表从不同层面、不同领域向我们生动讲述了新疆民族团结的故事，展示了新疆各族人民在中华民族大家庭中共同团结奋斗、繁荣发展的动人场景。接下来，我们与各位媒体记者进行互动交流，欢迎大家提问。

问

澳亚卫视：

最近新疆旅游的火爆场景频频登上热搜，比如，草原人比羊多，民宿一间难求，独库公路迎来大堵车，等等。新疆方面如何看待这波旅游热潮？发言人认为是什么样的原因促成了这波热潮？另外，在当前疫情仍然会有偶发的情况下，新疆方面在提升旅游接待能力、保障旅游市场公平稳定方面做了哪些工作？新疆旅游市场的这种繁荣是不是可以看做对美西方国家打压抹黑新疆的另一种回应？

徐贵相：

首先，请伊力江·阿那依提作介绍。

答

伊力江·阿那依提：

我先介绍新疆旅游大热的原因。新疆，山河壮美神奇，文化底蕴深厚，历史遗存丰富，民族风情浓郁，是中国旅游资源类型最全、高品质旅游资源数量最多、旅游资源开发潜力最大的省区。

截至目前，新疆A级旅游景区增至639家。其中，国家5A级旅游景区17家，位列全国前三名。国家全域旅游示范区、旅游度假区、滑雪旅游度假地等一批国内一流、世界顶级的精品旅游名片，使新疆成为游客喜爱、网红打卡、综艺取景的新地标。

新疆旅游环境和管理水平提档升级，"三难一不畅"问题持续整治，旅游基础设施、公共服务设施和智慧旅游建设日趋完善。"游新疆""智慧旅游管理平台""旅游统计大数据平台"上线运行，"微笑新疆"行动深入开展，新疆旅游服务质量和游客舒适度、满意度全方位提升。

一大批招商引资重大项目落地新疆，产业竞争力持续增强，旅游业持续转型升级。今年已梳理文旅产业重点招商引资项目412个，总投资达1827亿元。

新疆统筹疫情防控和经济社会发展、统筹发展和安全，率先出台"八项措施"，召开旅发大会，开展丰富多彩的文旅惠民活动，进行立体式精准营销，推动疆内旅游活起来、疆外游客引进来，全力加速旅游业回暖复苏。

根据第三方通过旅游统计大数据平台和抽样调查综合测算：2022年6月，全区接待游客2392万人次，环比增长66.39%；实现旅游收入174.12亿元，环比增长89.69%。7月1日至21日，全区累计接待游客约2554万人次，比去年同期增长15.70%；实现旅游收入约191亿元，比去年同期增长16.67%。

总之，新疆旅游热起来、火起来，是新疆稳定红利持续释放、防疫政策依法科学精准、文化润疆工程和旅游兴疆战略稳步推进等政策利好叠加、持续的结果，也是疫情之下人们普遍希望到大美新疆来"放飞自我"的结果。这一大好局面来之不易，需要大家共同维护、共同珍惜。

关于独库公路堵车原因，独库公路就是217国道，全长561公里，南北走势，北起克拉玛依市独山子区，跨越天山山脉中段，纵贯天山南北，南端连接阿克苏地区库车市，是一条著名的旅游公路。公路沿途分布着乔尔玛风景区、那拉提草原、巴音布鲁克草原等景区，以及红褐色的天山神秘大峡谷、铁力买提达坂等独特的自然景观，让出行者感受到"十里不同天，一天有四季"的奇幻变化。独特的自然景观和深厚的人文底蕴，吸引了大量自驾游爱好者、徒步爱好者，但受季节影响，独库公路每年只有四五个月的通车时间。由于沿途有着戈壁、草原、湖泊、雪山、冰川、峡谷等景观，独库公路被《中国国家地理》杂志评为"纵贯天山脊梁的景观大道"。

7月9日，正值旅游旺季，恰逢古尔邦节前夕，赶上过节放假，据公安交警部门统计，当日独库公路通车量达到了2.8万辆，超过设计流量5400辆的4倍以上。车流量的骤增致使车辆拥堵缓行问题突出。针对这一情况，自治区党委、政府高度重视并作出部署。一是公安、交通、应急、文旅等有关部门立即启动应急预案，及时发布预警信息，通过各类媒体发布节日景区承载情况和道路交通状况预警信息。二是独库公路沿线地州党委、政府负责同志赶赴现场调度指挥，采取限流、疏导、宣传等措施，进行游客分流疏导，及时处置突发情况并为游客提供帮助。例如，伊犁、克拉玛依、阿克苏等地州发动志愿者为来往游客提供医疗救助、路况信息咨询，并免费为游客配送酸奶、西瓜、馕、绿豆汤、纯净水等。三是公安部门加强调度，组织沿线各地（州、市）交警大队疏导交通。四是各级文化和旅游行政管理部门安排主要负责同志在岗在位、深入一线，带头加强应急值守和应急处置。采取以上措施后，独库公路拥堵缓行问题当晚就得到了解决，次日就恢复了正常通行。

当前，我区文化和旅游市场供给丰富、平稳有序，欢迎大家来大美新疆旅游观光。

徐贵相：

我再补充几句。美国等西方反华势力恶意抹黑丑化新疆形象，但"新疆是个好地方"这个品牌却越擦越亮。新疆旅游火爆，中外游客云集，大家纷纷为新疆经济社会发展、人民美好生活点赞。这说明美西方反华势力捏造的谣言谎言根本没有市场，也蒙蔽不了国际社会。越来越多的人识破了他们的阴谋诡计，爱上了大美新疆，为新疆扬声正名，这是正向的行动、正义的声音，也是对美西方反华势力有力的回击！

问

答

凤凰卫视：

今年暑假新疆旅游人数暴增。有游客表示，人数暴增大大降低了体验感，甚至有人戏称"独库公路"变成了"堵哭公路"。下一步，新疆在提升综合服务水平方面将采取哪些措施？

徐贵相：

为进一步做好旺季旅游工作，新疆在依法科学精准落实常态化疫情防控措施的前提下，采取五个措施提升综合服务水平。一是继续强化热点旅游景区的弹性供给能力，严格落实"限量、预约、错峰"措施，在游客出游高峰，增加售票窗口、加大运力保障、落实最大承载量预警制度等。二是进一步丰富旅游线路，加大宣传推广S101、G219、伊昭公路等风景道，以及车师古道、塔莎古道、乌孙古道等10条相对"冷门"的丝路古道旅游精品线路，给区内外游客以更多的选择。三是大力开展"微笑新疆"服务质量提升行动，进一步规范旅游市场经营秩序，强化执法监督，引导游客文明旅游、安全旅游。四是着力打造四季旅游品牌，引导广大游客"春赏花、夏纳凉、秋采摘、冬嬉雪",使新疆一年四季都成为旅游旺季。五是着力抓好疫情防控、安全生产,确保大家游得安全、游得放心。

问

习近平主席考察新疆,没有过多着墨"反恐"话题,更加强调文化经济建设和民族团结。这是否意味着新疆大规模反恐告一段落,未来中心工作将转向经济民生发展?

答

徐贵相:

7月12日至15日,中共中央总书记、国家主席、中央军委主席习近平时隔8年再次莅临新疆考察调研,从战略和全局高度为新疆把脉定向、掌舵领航,为我们做好新疆工作注入了强大政治动力、精神动力和工作动力。新疆各族人民备受鼓舞,备感振奋。

我们深刻认识到,做好新疆工作必须牢牢扭住社会稳定和长治久安总目标,完整准确贯彻新时代党的治疆方略,统筹发展和安全,全面推进反恐维稳法治化常态化,逐步实现社会大局从"由乱到稳"向"由稳到治"迈进,坚持稳中求进工作总基调,全面深化改革开放,推动高质量发展,确保在保持社会稳定中推进改革发展,通过改革发展打牢社会稳定基础,实现二者的良性互动。

徐贵相:

如果没有其他问题,本场新闻发布会到此结束。谢谢大家。

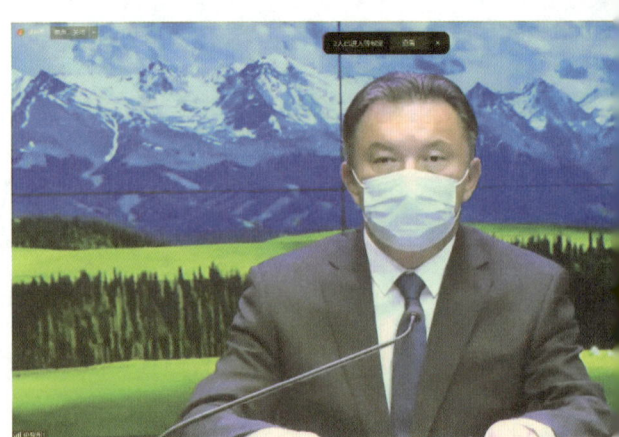

新疆维吾尔自治区
第 79 场涉疆问题
新闻发布会实录

2022 年 9 月 18 日，新疆维吾尔自治区举办专题新闻发布会。

徐贵相：

各位记者朋友，下午好！欢迎参加新疆维吾尔自治区专题新闻发布会。我是新疆维吾尔自治区人民政府新闻发言人徐贵相。

今天发布会的主要内容是向大家介绍新疆维吾尔自治区疫情防控情况。在现场同我一起介绍情况的是新疆维吾尔自

治区卫健委副主任伊尔扎提·扎达先生。另外，还有9位相关人员通过视频连线方式向大家介绍情况，他们是：新疆疾控中心流行病学首席专家倪明健、新疆伊犁哈萨克自治州州长叶尔夏提·吐尔逊拜、新疆伊犁哈萨克自治州妇联主席阿勒泰古丽·居马、新疆伊犁哈萨克自治州伊宁市常务副市长乔雪刚、新疆伊犁哈萨克自治州新华医院副院长地力木拉提·努拉合买提、新疆伊犁哈萨克自治州伊宁市都来提巴格街道吉格代勒克社区主任赛那木·吐尼亚孜、新疆儿童医院主治医师伊力江·吐洪江、新疆伊犁哈萨克自治州伊宁市塔什科瑞克乡群众阿丽娅·克里木、新疆伊犁哈萨克自治州伊宁市解放路街道居民祖力坎娜·马木克。

近来，新疆一些地区发生新冠疫情，给各族群众正常生产生活和生命健康安全带来影响。新疆各级政府坚持人民至上、生命至上、安全至上，与各族群众共同抗疫，共渡难关，为早日战胜疫情、实现最大的防控效果作出了艰辛努力。

我们认为，生命权、健康权是最基本的人权。没有生命安全，没有健康身体，一切权利都难以实现，这是大道理，也是硬道理。面对严峻的疫情形势，新疆各级政府没有"躺平"，没有"甩手"，而是与病毒赛跑、与病魔作坚决斗争、与各族群众站在一起，坚决捍卫人民生命健康安全。这是对人民负责、为生命护航的正义之举，彰显了负责任政府的使命与担当，得到了国际社会的积极评价。

但境外一些反华分子和个别媒体无视新疆各级政府的抗疫努力，无视成千上万社区工作人员的辛勤付出，无视新疆各族群众对疫情防控工作的理解支持，恶意将合理的疫情防控举措污蔑为"暴力执法"，将疫情防控带来的暂时生活不便污蔑为"侵犯人权"，将个别群众的情绪表达污蔑为"集体抗议"。他们根本不是关心新疆各族群众的人权，而是要把新疆的疫情防控工作政治化、工具化，干扰新疆经济社会发展，

侵犯新疆各族群众利益，破坏新疆安定祥和局面。这种做法用心险恶、居心不良，令人唾弃。

接下来，请新疆维吾尔自治区卫健委副主任伊尔扎提·扎达介绍相关情况。

伊尔扎提·扎达：

新疆发生新冠疫情后，我们实行了严格的疫情防控措施，围绕"防扩散、防外溢"和"动态清零"的目标任务，全力抓好疫情防控各项任务落实。目前，全疆的疫情防控基本向好，低风险区正逐步恢复正常生产生活秩序。下面，我重点向大家介绍新疆伊犁哈萨克自治州的疫情防控工作情况。

一、着力提高核酸检测能力。科学规范核酸筛查采、送、检、报各环节，每个实验室安排专人负责，优化完善核酸检测策略，动态调整实验室检测任务。联合多家通信运营商建立核酸检测电子二维码，高效完成核酸检测。加快提升核酸检测能力，目前，伊犁哈萨克自治州日核酸检测能力达到 64.1 万管。

二、加快推进流调工作。整合各部门力量，成立 200 人联合流行病学调查工作小组，建立应急采样小队 65 支，共 130 人。对于检测出的阳性病例，按照流调、转运、隔离、收治全链条并联运行的处置机制，做到城区 8 小时、农村 10 小时快速流调处置。采取新建集中隔离点、搭建帐篷、隔离房循环使用等方式，加快隔离点位增量扩容并持续优化整合。细化完善集中隔离点管理和人员解除隔离流程规范，做好健康监测、转运隔离、封闭管控、心理疏导等工作。

三、科学开展医疗救治。抽调救治梯队 8 个、医务人员 830 人整体接管定点救治医院，与自治区定点医院开通远程会诊，科学救治患者。新建 3 个方舱医院，总床位 2537 张。全州定点医院和方舱医院床位达到 4062 张。健全完善定点医院和方舱医院入院、诊疗、出院流程，做到应出尽出快出。

四、保障各族群众就医需求。积极开展网上诊疗、网上咨询，组建 33 支医疗服务小分队，对轻症患者及时提供医疗咨询和上门诊疗服务；设立 2 家"黄码医院"，规范接诊高风险区群众，6家普通医院有序接诊低风险区群众，采购9个移动血透方舱，改善了疫情防控期间群众就医条件。

徐贵相：

　　接下来，我们视频连线新疆疾病预防控制中心首席专家倪明健，请他介绍新疆本轮新冠疫情有关情况。

倪明健：

　　大家好！我是新疆疾病预防控制中心的倪明健，我向大家介绍新疆尤其是伊犁哈萨克自治州本轮疫情的特点和当前防控形势。总体来说，本轮新冠疫情具有以下特点：

　　一是传染性强。我们观察发现，新疆本轮疫情的传染性极强，感染者平均潜伏期较短，只有2—3天。部分感染者在核酸检测结果阳性前已经开始出现隐匿传播。比如：伊宁市从8月初就已经开始实施静态管理。8月18日，伊宁市墩买里街道江南小区社区志愿者吐某核酸检测结果为阳性。8月20日，吐某楼下邻居艾某核酸检测结果也为阳性。8月21日，该小区就报告核酸阳性人员16例，感染者均分布在首发病例吐某、续发病例艾某所涉及的不同楼栋。

　　二是扩散速度快。本轮疫情的传播扩散与以往相比，速度明显要快。在疫情出现的第7天，波及4个地（州、市）6个县（市、区），累计报告感染者153例；第14天，波及13个地（州、市）31个县（市、区），累计报告感染者1666例。至9月17日，新疆已累计报告感染者5418例。比如：8月5日，伊宁市巴彦岱镇干沟村5组发现1例感染者阿某，3日内阿某的密接3人、次密接5人、一般接触者5人共计13人核酸检测呈现阳性；截至8月11日，巴彦岱镇干沟村发现同一传播链病例35人。比如：8月8日，伊宁市都来提巴格街道喀什街11巷两姐妹因与阳性感染者接触而居家隔离，8月9日核酸检测为阳性；8月13日，该巷道检出阳性9人；8月14日至19日，11巷和13巷陆续检出相关阳性病例21人。

三是感染者多表现为无症状。到目前为止，新疆报告153例确诊病例，占报告感染者总数的2.8%，并以轻型、普通型为主。其余5200多人都是无症状感染者。

目前，新疆疫情总体稳定，防控成效明显，新增报告感染者数持续下降。截至9月17日24时，疫情波及的13个地州市中的7个地州市超过14天无新增本土感染者报告，多数涉疫县市区基本恢复正常生产生活。

徐贵相：

接下来，我们视频连线新疆伊犁哈萨克自治州州长叶尔夏提·吐尔逊拜，请他介绍新疆伊犁哈萨克自治州疫情防控情况。

叶尔夏提·吐尔逊拜：

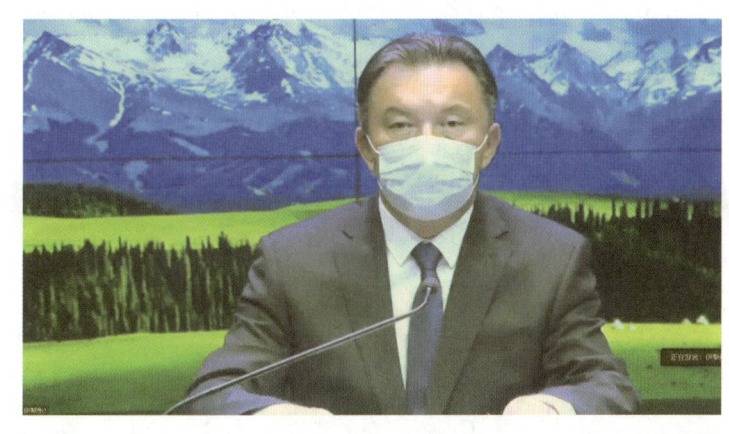

新冠疫情发生后，新疆伊犁哈萨克自治州坚持"外防输入、内防反弹"总策略和动态清零总方针，成立了疫情防控联合工作组，建立扁平化高效指挥体系，坚持以快制快，突出抓好核酸检测、隔离管控、医疗救治、物资保障、群众困难诉求解决等重点工作。目前，疫情防控整体向好，新增本土无症状感染者数量持续下降，疫情波及范围不断收窄，全州正在陆续解除静态管理措施，逐步恢复生产生活秩序。下面，我向大家介绍我们的有关工作情况。

一是加强精准防控。认真执行国务院联防联控机制第9版《新型冠状病毒肺炎防控方案》，精准划分、动态调整高中低风险区，做好人员解除隔离工作，按照高风险区"足不出户、上门服务"、中风险区"人不出区、错峰取物"、低风险区"个人防护、避免聚集"要求落实管控措施，最大限度保障各族群众生命安全和身体健康。

二是加强民生保障。全力保障物流畅通、稳链供应、农业生产、基本民生、纾困解难，最大限度减少疫情对经济社会发展的影响。扎实做好重要民生商品储备和医疗物资储备，建立重要农产品产能日报告制度和州直县市生活物资联保联供机制，制定《疫情管控期间保供方案》，发挥伊宁市农商集团作用，开放了9家大型商超，保障了伊犁九鼎农产品批发市场正常运行，采取线上下单、线下配送等模式，有序恢复解封小区内商铺、蔬菜店的正常经营，做到供应充足、价格平稳、保障有力。州财政拨付4000万元专项资金用于群众救助，积极做好特殊群体、困难群众关心关爱和帮扶解困工作，着力解决好各族群众急难愁盼问题。

三是稳妥有序推进解封。对10日内未发生疫情的小区或网格，2轮全民核酸检测均无异常的，经研判后予以解除静态管理。

四是加强诉求办理。发挥人民网、石榴云、12345等平台作用，开通100个远程接听座席，运行热线手机App承办端和微信公众号"二维码"诉求受理、查询服务，配强州市乡村热线接听队伍，健全群众诉求反映办理机制，提高问题解答办理效率和质量，及时回应社会关切。

五是统筹疫情防控和经济社会发展、统筹发展和安全。抓好农牧业生产、项目建设、经济运行、安全生产等各项工作，争取把疫情耽误的时间抢回来，把疫情造成的损失降到最低。

目前，伊犁哈萨克自治州的疫情防控整体向好，但是由于此次疫情传播非常复杂，打赢疫情防控攻坚战的任务还十分艰巨。我们将进一步强化各项措施落实，尽快实现动态清零目标，努力恢复正常生产生活。

徐贵相：

接下来，我们视频连线新疆伊犁哈萨克自治州妇联主席阿勒泰古丽·居马，请她介绍新疆伊犁哈萨克自治州疫情防控过程中对妇女儿童关心关爱情况。

徐贵相：

您好！妇联在疫情防控工作中作用特殊，因为你们联系着成千上万的妇女儿童，也联系着很多家庭。接下来请您介绍一下妇联组织在这次防控工作中做了哪些工作。

阿勒泰古丽·居马：

首先感谢您对伊犁哈萨克自治州妇女儿童的高度关注。本轮新冠疫情发生以来，伊犁哈萨克自治州妇联用心用情做好妇女儿童等特殊群体的关心关爱工作。疫情发生后，全州15283名基层妇

联干部、妇联执委、爱心妈妈等组成服务队，充分发挥人熟、地熟、社情熟的优势，及时了解掌握并反馈一些家庭和妇女儿童的困难诉求，及时帮助解决各类问题。与此同时，我们采取"云服务"方式，开展"送慰问关爱""送家庭教育""送法治安全""送身心健康"等服务。

徐贵相：

　　我了解到你们有一条热线叫做12338。你们是怎么运用这条热线帮助群众维护他们的正常权益的？

阿勒泰古丽·居马：

　　我们在全力维护妇女儿童的权利方面，充分发挥"12338巾帼心理援助热线"作用，畅通维权渠道。对较为复杂的情况，我们第一时间转办当地街道（社区）或派出所。利用这条热线，我们常态化不间断开展心理疏导、矛盾化解、法律援助、健康指导等暖心服务，最大限度减轻疫情所致的心理恐慌和焦虑情绪，帮助居民安心居家。

徐贵相：

　　在疫情防控工作中，让您印象最深刻的、最感动的事情是什么？

阿勒泰古丽·居马：

　　这期间有一件事让我印象很深。前段时间，我们的一个社区干部接到居民马某的电话，他的妻子羊水破了，马上就要生孩子了。了解情况后，我们的社区干部迅速帮助他联系车辆，开通绿色通道，运转到医院，这个过程不到30分钟。一个小时以后，马某高兴地打来电话，告诉我们，妻子顺利生产，母女平安。在这种特殊的情况下，我们的各级妇联和各方面力量都在为保障妇女儿童的权益积极努力，一时一刻都没有放松过。

徐贵相：

　　好的，谢谢您的介绍。我们听了也非常感动。在关键的时候，妇联发挥了非常独特的作用，也赢得了群众的理解和信任。再次向您表示感谢，向您的同事们表示感谢，也祝愿你们在今后的工作中为各族群众更好地提供服务。

接下来，我们视频连线新疆伊犁哈萨克自治州新华医院副院长地力木拉提·努拉合买提，请他介绍新疆伊犁哈萨克自治州疫情防控过程中确保患者及时得到救治的情况。

地力木拉提·努拉合买提:

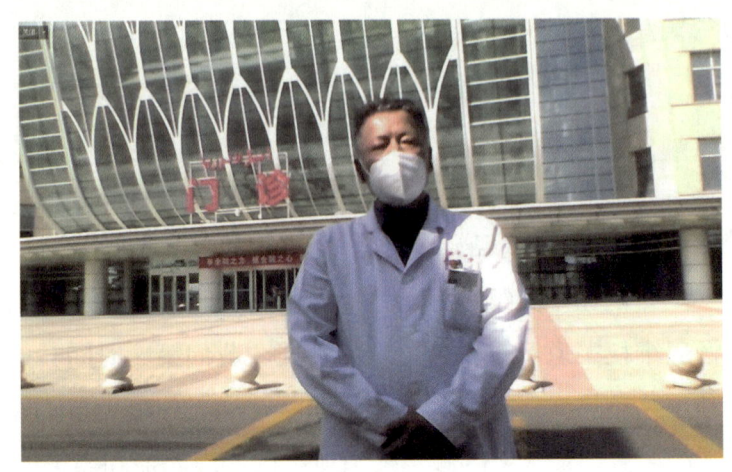

大家好！我是新疆伊犁哈萨克自治州新华医院副院长地力木拉提·努拉合买提，我在伊犁医疗战线已经工作32年了。本轮新冠疫情发生以来，伊犁哈萨克自治州所有医疗机构始终把救死扶伤作为工作根本，竭尽全力救治全州各族患者。我们新华医院主要承担保障中高风险区和集中隔离场所医学观察（隔离）人员的就医任务。我们主要做了以下几个方面的工作：

一是统筹整合资源，合理设置科室。我们把医疗区域按功能需求进行了重新划分，开设了急诊、内科、外科、儿科、妇产科、ICU、新生儿室、血透室、手术室等科室，规范增设了隔离病房；对来院就诊的群众，严格按照院感防控标准，实行全过程闭环管理。8月16日以来，我院共接诊各类患者2891人次，产科住院167人次，高危孕产妇全部成功分娩，167个新生命平安诞生，各项诊疗工作平稳有序开展。

二是分类开展诊疗，提供优质诊疗服务。我们坚持互联网服务和实地医疗两条腿走路。互联网服务，就是通过各类媒体将医院的预约电话、就诊流程操作指南发布出去，方便各族群众通过医院微信小程序进行线上咨询和诊疗。截至目前，互联网医院平台服务各族群众1496人次。实地诊疗，就是各族群众实地到医院接受治疗。治疗过程实行全过程闭环管理，群众由所在村（社区）或集中隔离场所专人陪同"点对点"送到医院，诊疗结束后再"点对点"接回。

三是开通绿色通道，做好急难危重病人的救治。对于接诊中遇到的急危重症、手术、肿瘤化疗、血液透析、孕产妇、婴幼儿等群众，我们医院专门开辟了绿色通道，及时进行处置抢救。我们还专门为血液透析病人开设了4个病区，成立由4名医生、16名护士组成的透析团队，24小时坚守岗位，保证不耽误患者的透析治疗。

四是加强便民服务，关心关爱医护人员。对来院就诊的各族群众，我们就像对待亲人一样对待他们，免费为患者及陪护人员提供餐食、热水，为老人、婴幼儿提供毛毯、被褥、轮椅等。疫情防控这段时间，我们的医务人员也非常辛苦，我们同时加强了对医务人员的关心关爱，保障他们正常休息。目前，我院医务人员都身体健康、状态良好。

徐贵相：

接下来，请大家观看一段视频，了解疫情防控期间伊宁市的居民看病就医情况。

徐贵相：

接下来，我们视频连线新疆伊犁哈萨克自治州伊宁市常务副市长乔雪刚，请他介绍伊宁市物资保障供应情况。

徐贵相：

感谢您参加这次新闻发布会。作为市长，您的工作关系到千家万户的生计。请您介绍一下，在这次疫情防控工作中您遇到了哪些问题，群众反映了哪些困难，你们采取了哪些措施？

乔雪刚：

大家好！感谢各界对伊宁市此次疫情的关注和对伊宁市抗疫工作的支持。新冠疫情发生后，我们聚焦各族群众反映的物资保供、就医就学、离伊返伊等热点难点问题，努力做好以下几方面的工作：

一是实行伊犁州、伊宁市、乡镇街道、社区的 4 级热线接听机制。州 12315 和伊宁市 12315 合署办公，建立了乡镇村队热线电话，扩充了热线接听的席位，补充了大量的热线接听人员，对群众反映的诉求和问题第一时间发现，第一时间接听，第一时间办理。

二是加快了问题的办理速度，采取了 24 小时的办结制。整合了 12345 热线、人民网留言等渠道所反映的各类问题，在话务人员能够现场答复的情况下现场答复，不能现场答复的情况下迅速转办各级部门。对于群众要求特别紧急的事件，我们是接听即办。

三是我们加大了对困难诉求的办理回访力度，组织人员成立群众困难诉求专班和回访组，每天将办理的情况反馈归纳到各个乡镇和街道，对于未办理的情况进行详细的回访、跟踪督办，做好对群众的耐心解释工作。9月17日0时到24时12345平台受理的话务量达到7149条，接听办理达到6383条。

通过以上工作措施，我们持续畅通了群众困难诉求的反馈渠道，不断提高了群众诉求的办理质量，最大限度解决好各族群众反映的急难愁盼等各项问题。

徐贵相：

大家都非常牵挂伊宁市广大普通居民的生活。特别是疫情防控静态管理期间，老百姓的日常用品、柴米油盐这些物资是怎么保障的？市里开展了哪些工作？

乔雪刚：

在物资保障方面，我们建立了伊宁市农商集团集中配送、乡镇（街道）设点供应向下配送保供体系，分层分类设置保供点，围绕米面油、肉蛋奶、蔬菜、水果，优化调整新增保供点位，增加物资配送车辆，扩充保供队伍。伊宁市现有物资保供点位1074个、保供人员2916人、保供车辆1113辆。随着九鼎农贸市场复工复产，现在我市每日可配送蔬菜200—260吨、面粉250吨、清油50吨、大米65吨，肉30吨、蛋22吨、牛奶31吨、水果50吨。对于老人、儿童等群体，由已获批准的各综合超市保障生活用品、婴儿奶粉等物资。

徐贵相：

我注意到，前一段时间网民担心物资供应不能跟上。这种担心是不是有道理？请您介绍一下这方面的情况。

乔雪刚：

由于全市规模相对来说比较大，我们在物资储备方面进行了未雨绸缪的安排。我们每天都会跟踪掌握米、面、油、肉、蔬菜等重要商品的数量变化情况，拓宽货物来源，丰富商品种类，稳定粮油、果蔬、肉蛋奶等日用品生产供应，保持必要的物资储备规模。到目前为止，全市的成品面粉储备达到2900吨，成品油储备390吨，大米储备290吨。我们采用疆内外省市进货、周边县市采购、市域乡镇合作社供应、社会组织供货等多种方式，积极拓宽保供渠道，确保物资供应及时。

徐贵相:

这些货物的质量检测等方面的工作是怎么开展的？

乔雪刚:

为了保证货物的品质和质量，我们加大对市场的监督检查力度，严厉依法打击哄抬物价、价格欺诈等违法行为，对性质恶劣的典型案例公开曝光，确保物价平稳。目前，共检查保供点 1703 家次，受理各类投诉案件 1262 件，办结率 100%，挽回经济损失 61129.8 元。对哄抬物价、扰乱社会秩序、销售过期食品等违法行为依法立案调查 27 起，曝光结案 14 起。

徐贵相:

老人等特殊群体可能存在一些生活不便，需要一些特殊的关心和帮助。请问伊宁市在这方面做了哪些工作？

乔雪刚:

对于特殊困难群体，伊宁市政府高度重视，因为这部分群体是在疫情防控期间遇到矛盾和困难比较多的群体。疫情发生以来，我们把做好困难群体的关爱工作作为市政府工作的重中之重，充分发挥社会救助"托底线、救急难"作用，发放城乡低保、特困补助等各类补助资金 3576.8 万元，惠及群体 66111 人次；发放 80 岁以上老人高龄补贴、残疾人两项补贴 302.93 万元，惠及群体 29123 人次。我们紧盯特殊困难群体生活保障，为特殊困难家庭免费发放蔬菜和牛肉"爱心包"，惠及困难家庭 4636 户；免费发放大礼包，惠及困难家庭 25777 户。我们还为解除集中隔离医学观察的阳性感染群体免费发放水果等物资，确保他们生活有保障。

徐贵相:

接下来，请大家观看一段视频，了解疫情防控期间伊宁市的物资保供情况。

徐贵相:

接下来，我们视频连线新疆伊宁市都来提巴格街道吉格代勒克社区主任赛那木·吐尼亚孜，请她介绍疫情防控期间伊宁市的社区服务群众情况。

徐贵相:

您好！您所在的社区是什么情况，有多少住户，有多少居民？

赛那木·吐尼亚孜：

大家好！一共 401 户，1532 人。

徐贵相：

这应该是一个中型的社区。在这期间，您作为社区主任，您和您的同事做了哪些工作，为大家提供了哪些服务？

赛那木·吐尼亚孜：

疫情防控期间，为了确保辖区居民正常生活、正常就医，我们社区专门成立了物资保障服务队，给居民配送米面肉菜和水果，还成立了医疗服务队，给生病的居民买药，送患者到医院治疗，还免费给孤寡老人送生活物资。我们社区根本就不存在没有生活物资、看病难等情况。辖区居民也积极配合我们，和我们一起抗击疫情。我们相信，疫情很快就会过去，我们的生活很快就会恢复到以前的样子。

徐贵相：

前段时间，我在网上看到你们辖区有小孩生病以后没有得到及时治疗的情况，这是不是属实？请您给我们介绍一下。

赛那木·吐尼亚孜：

近期，网上传言说"伊宁市存在孩子看病困难"的问题。这件事最初发生在我们辖区喀什街 11 巷的居民米克拉依·买买江家里。我们社区工作人员知道这个情况后，立即买了药送到米克拉依家里，并同时打 120 急救中心电话联系医院。医生第一时间赶到现场，检查孩子的病情。在社区干部和医护人员的帮助下，孩子吃了药，很快就退烧了。孩子退烧后，米克拉依表示不用去医院了，社区干部和医生就将电话号码和微信留给了她，并且叮嘱她：孩子一旦有什么情况，就及时和医生联系。目前，孩子们的身体已经恢复正常，他们家里人也都放心了。

徐贵相：

好的，感谢您的介绍。发布会之前，赛那木·吐尼亚孜主任向我们推荐了一部短视频，我们提前看了一下，了解到这个家庭的 3 个孩子生病后都及时得到治疗，现已恢复健康。接下来，请大家一起观看这段视频。

徐贵相：

新疆伊犁哈萨克自治州伊宁市静态管理期间，急症患者就医备受关注。近日，有媒体报道了伊宁市患儿赶赴乌鲁木齐新疆儿童医院及时得到救治的故事。接下来，我们视频连线新疆儿童医院呼吸科主治医师伊力江·吐洪江，请他介绍相关情况。

伊力江·吐洪江：

大家好！我是新疆儿童医院呼吸科主治医师伊力江·吐洪江。在新疆这一轮新冠疫情期间，新疆所有的医院都在坚持"人民至上，生命至上"，认真救治每一位入院患者。今天，我给大家分享一个经乌鲁木齐和伊宁市多方联动，帮助一名 3 岁伊宁市患儿顺利得到救治的故事。

8 月 20 日，伊宁市居民阿丽娅·克里木在"石榴云 12345 问政平台"疫情求助专区发出信息求助，说她的孩子今年 3 岁，在出生 29 天时就得了肺病，现在又复发了，急需到乌鲁木齐新疆儿童医院治疗。

留言发出后，新疆日报社记者第一时间与伊宁市人民政府和我院取得了联系。我们医院专家建议将孩子转到我院进行救治。伊宁市疫情防控工作指挥部立即连夜办理了通行手续，并帮助将孩子送到我院。

由于事情比较紧急，我院高度重视。在患儿来院前，医务部、呼吸科、发热门诊、手术室、重症医学科、药学部等多部门立即就患儿的救治和服务保障工作作了具体安排，制定了应急救治方案。

由于患儿来自高风险区，住进我院后，我们立即安排了专门的独立病房，一边隔离，一边进行治疗。

患儿入院时病情较为严重，经诊疗判断孩子出现了重症肺部感染和呼吸衰竭。我们立即为患儿制定了安全、高效的治疗方案，进行了紧急抢救。经过一周积极治疗，这个孩子转入我院普通病房。现在，患儿病情趋于平稳，再过几天就可以出院了。现在，我们一起去看看这个孩子吧。

患儿母亲阿丽娅·克里木：

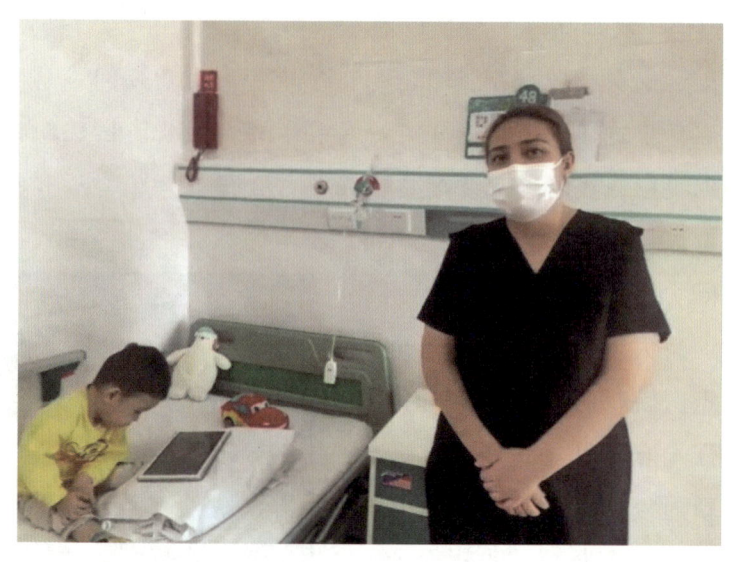

大家好！我叫阿丽娅·克里木，是伊宁市塔什科瑞克乡的居民。这是我的孩子阿力法尔·阿巴斯，今年3岁。孩子生病后，8月20日下午，我在"石榴云12345问政平台"发出求助信息，很快就得到了伊宁市和乌鲁木齐市政府的帮助。8月21日一早，我们就坐上了伊宁市的120救护车，直接赶往乌鲁木齐。中午3点，我们就到了新疆儿童医院，孩子顺利得到了救治。现在，我的孩子很快就可以出院了。我的孩子得到了各方面的帮助，我特别感激社会上有这么多好人。在这里，我要特别感谢新疆儿童医院！

徐贵相：

接下来，我们视频连线新疆伊宁市解放路街道居民祖力坎娜·马木克，请她介绍城市静态管理期间他们家的生活情况。

徐贵相：

疫情防控期间，在静态管理的情况下，广大居民的生活是什么样的？他们怎样度过每一天？接下来，我们视频连线一个家庭，访问一下。

徐贵相：您好！我们正在举行新闻发布会，向记者朋友和社会各界介绍新疆疫情防控的情况。我们也特别想了解，在疫情防控期间你们的生活怎么样。家里是什么情况，几口人？

祖力坎娜·马木克：我们家里目前4个人：我母亲，我的两个孩子，还有我。我们4个人居家抗疫。

徐贵相：孩子几岁了？

祖力坎娜·马木克：老大9岁了，小的7岁。

徐贵相：应该都上学了？

祖力坎娜·马木克：是的。

徐贵相：现在学校还没有正常教学，她们的学习怎么办？

祖力坎娜·马木克：现在是在上网课，每天有老师在网上对他们进行教学。

徐贵相：这样学习也不至于耽误。妈妈多大年龄了？

祖力坎娜·马木克：我母亲有76岁了，身体还可以，就是有一些心脏和高血压之类的疾病。

徐贵相：在疫情防控期间，家里需要的生活用品怎么获得？

祖力坎娜·马木克：疫情防控期间，社区有专门的社区干部和志愿者为我们提供服务，购买一些生活物资，比如说米面油，还有蔬菜水果。我们需要什么，只要跟志愿者说一声，或者在微信群里发一个短信，他们就给我们送过来了，很方便的。

徐贵相：您母亲如果要看病吃药，这些方面是不是方便？有没有困难？

祖力坎娜·马木克：我母亲患有心脏病和高血压，她需要这方面的药物，我们只要跟药店联系好，社区的志愿者和社区干部随时都会给我们买回来，也是非常方便的。疫情防控期间，社区的干部和志愿者为我们服务，非常辛苦。

徐贵相：在家静态生活应该有一段时间了，现在感受怎么样？对下一步有没有信心？

祖力坎娜·马木克：是有信心的。我现在在家里面要照顾我的母亲，还有我的两个孩子，给她们做做饭，然后就是趁这个机会多陪陪她们。现在孩子都在上网课，每天给她们辅导一下作业，过得很充实。我们社区每天都对我们小区进行消杀，对我们居民进行免费的核酸检测，给困难群众送一些免费的生活物资，照顾孤寡老人。我们作为居民，就是要好好配合社区，好好居家，做好防护。希望疫情能够早一点结束，我们的生活和工作也能够早一点恢复正常。

徐贵相：好的，非常感谢您，感谢您对社区工作者、对政府所采取的这些疫情防控措施给予的理解和支持，同时也祝愿老人们身体健康，孩子们健康成长。让我们共同努力战胜疫情。希望疫情早日结束，我们早日回到正常的生产生活学习状态。

徐贵相：

以上来自新疆维吾尔自治区卫健委、新疆疾控中心、新疆儿童医院和伊犁哈萨克自治州的10位代表向大家介绍了新疆特别是伊犁哈萨克自治州的疫情防控有关情况，相信大家对于新疆各族人民同心抗疫、战胜病魔情况有了进一步了解和认识。希望各位朋友多向国际社会介绍新疆的有益做法和成效。在疫情结束以后，也邀请各位记者朋友到新疆，特别是到伊犁州实地走一走看一看，进一步了解各族群众的生产生活状况。

接下来，我们与各位记者进行交流，欢迎大家提问。

（略）

如果没有其他问题，本场新闻发布会到此结束，感谢大家参加。

新疆维吾尔自治区第 80 场涉疆问题新闻发布会实录

2022 年 9 月 22 日，新疆维吾尔自治区在联合国日内瓦总部举办专题新闻发布会。

徐贵相：

　　各位记者朋友，大家好！欢迎参加新疆维吾尔自治区专题新闻发布会。我是新疆维吾尔自治区人民政府新闻发言人徐贵相。

　　首先，我向大家介绍参加本场发布会的人员。他们是：中国新疆维吾尔自治区人大常委会法工委主任李娟，中国新疆维吾尔自治区公安厅副厅长亚力坤·亚库甫，中国新疆维吾尔自治区喀什大学副校长祖力亚提·司马义，中国新疆维吾尔自治区伊斯兰教协会副会长、乌鲁木齐市洋行清真寺伊玛目木哈提热木·西日甫。

　　2022年8月31日，联合国人权高专办发布了《关于中华人民共和国新疆维吾尔自治区人权关切评估》（以下简称"'涉疆评估'报告"）。该"涉疆评估"报告以有罪推定式的假设为基础，将反华势力编造的虚假信息和谎言作为主要信息来源，刻意忽视中国政府提供的权威信息和客观材料，恶意歪曲中国法律和政策，抹黑中国新疆反恐去极端化斗争的必要性、合法性、正义性，无视中国新疆各族人民共同取得的巨大人权成就，严重违反联合国宪章宗旨和原则，严重损害高专办的信誉和公正性。

　　大量事实证明，这一所谓"涉疆评估"报告完全是美西方国家和反华势力策划的闹剧。所谓"涉疆评估"报告完全是一份罔顾事实的政治化文件，严重违背前任人权高专在2022年5月访华结束时发表的声明，充分暴露了美国等西方反华势力将人权作为政治工具的图谋。

　　针对该"涉疆评估"报告的主要内容，新疆维吾尔自治区人民政府新闻办公室进行了认真研究核实，现就其中谬误之处逐一澄清事实、讲明真相，希望国际社会能够秉持公平正义，客观理性作出分析判断，在涉疆问题上形成正确认知。

徐贵相：

　　首先，请中国新疆维吾尔自治区喀什大学副校长祖力亚提·司马义介绍有关情况。

祖力亚提·司马义：

　　"涉疆评估"报告第一部分"导言"第5条称，"人权高专办还根据其惯例和方法，同直接了解新疆情况的40个人进行了深入访谈。自2016年以来，26名受访者曾被关在多个拘留机构或曾在拘留机构中工作过"，"受新冠疫情影响，并出于安全考虑，大多数采访都是通过远程方式进行的"。对"涉疆评估"报告的这段表述，我们表示坚决反对。

　　据了解，少数新疆籍人员由于在中国触犯了法律，受到应有惩处，因而心存不满。

出境后，他们闭口不谈曾经犯下的罪行，反而把自己装扮成"受害者""人权卫士"，以所谓的"亲历者"身份到处作伪证，编造了大量涉疆谣言谎言，蒙蔽了许多人，严重误导了国际社会涉疆认知。针对这些恶劣行径，新疆维吾尔自治区以举办专题新闻发布会、制作播出电视专题片、撰写发表研究报告等多种形式进行了揭露。比如，在2021年4月10日、2021年5月26日、2021年6月11日举办的新疆维吾尔自治区专题新闻发布会上，那些"伪证者"的亲属、同事和办案民警等，详细介绍了有关情况，揭穿了他们散布的谣言谎言。

近几年来，新疆各族群众通过各种形式讲述了亲身经历，国外各方人士在多种场合表达了对新疆政策的理解支持，特别是联合国人权高专办也收到了大量相关材料，直接或间接地了解了有关情况。比如，2021年9月以来，新疆197名各族群众向联合国人权高专办公室和巴切莱特本人发送了电子邮件，有的控诉了恐怖势力、极端势力的残暴行径，有的介绍了自己在教培中心学习及结业后的情况，有的讲述了通过劳动创造美好生活的经历。比如，2020年1月以来，新疆维吾尔自治区举办了79场专题新闻发布会，专家学者、教培中心结业学员、务工群众代表、基层妇女代表、社会组织代表、企业家代表、媒体记者、宗教人士、刑满释放人员等面对中外媒体讲述了亲身经历，表达了对有关问题的看法。比如，自2018年底以来，联合国有关机构和官员、有关国家常驻日内瓦代表、伊斯兰合作组织秘书处、上海合作组织秘书长、东盟媒体智库代表团、拉美和加勒比国家驻华使节和外交官代表团、非洲国家驻华使节、媒体记者和宗教团体，共有涉及170个国家和地区以及有关国际组织的175批团组、2415人来疆参访。他们通过发表文章、接受采访等多种形式，讲述了访疆期间的所见所闻，对新疆尊重和保障人权的做法和经验给予积极评价。特别是今年5月，联合国人权高专办前任高专米歇尔·巴切莱特到新疆实地参访，中方全面介绍了新疆反恐去极端化、经济社会发展、民族宗教、劳动权利保障等方面的举措和成就。米歇尔·巴切莱特在喀什、乌鲁木齐进行实地参访，同少数民族群众、专家学者等各界人士进行座谈交流，了解了新疆的真实情况。5月28日，在广州召开的新闻发布会上，米歇尔·巴切莱特高专表示："访问是开放的、坦诚的"，"所有的会见都是我们联合国人权高专办组织的，不受中方的监督"，"提前10年完成脱贫攻坚和消除极端贫困，是中国取得的巨大成就。全民医疗保健和几乎全民失业保险计划的引入，在确保保护健康权和更广泛的社会和经济权利方面大有帮助。中国在国内外支持2030议程和可持续发展目标的努力也受到重视"。

继任的联合国人权高专办对新疆各族各界代表所述的事实、对170个国家和地区

2415 名国际人士的理性声音置若罔闻，甚至不相信前任高专及先遣组在新疆的亲眼所见、亲耳所闻，偏偏通过对 40 名所谓"受害者"进行远程采访，在未能证实他们的身份、经历、言论真实性的前提下，就偏听偏信他们的"证言"，开展研究论证，这是典型的"有罪推定"，是不科学、不严谨、不严肃的做法，所得出的结论也不过是虚假信息的大杂烩，根本不值得相信。

徐贵相：

接下来，我就联合国人权高专办"涉疆评估"报告中所谓"民族歧视"问题谈一谈看法。

"涉疆评估"报告第二部分"背景"第 9 至 13 条分析了新疆汉族、维吾尔族人口数量变化，以及汉族人口增多的原因，同时强调"联合国人权机制更为关切的是长期以来，包括维吾尔人在内的少数民族在经济、社会和文化方面受到的歧视"。"涉疆评估"报告阐述了新疆暴恐活动多发频发的状况以及中国政府发起的"严打"行动。第 151 条称："全面审查新疆地区涉及国家安全、反恐和少数民族权利的法律框架，以确保具有约束力的国际人权法得以遵守，并紧急废止新疆针对维吾尔族和其他主要少数民族的所有歧视性法律、政策和做法，特别是导致本次评估中详述的严重侵权行为的法律、政策和做法。"对这一报告的上述表述，我们表示坚决反对。

我们认为，联合国人权高专办"涉疆评估"报告所作的分析根本不符合事实。新疆过去一个时期暴恐活动多发频发，既不是由于汉族人口增加的原因，更不是由于所谓"民族歧视"的原因，而是由于长期以来，恐怖势力与极端势力大肆歪曲、编造、篡改新疆历史，夸大民族间的文化差异，煽动民族隔阂和仇恨，鼓吹极端和暴力，为实施分裂活动大造声势。特别是 20 世纪 90 年代以来，受国际局势变化和恐怖主义、极端主义全球蔓延的影响，境内外"东突"势力加紧勾连，扬言通过发动"圣战"建立"东突厥斯坦"国家。他们打着民族、宗教的幌子，利用群众朴素的民族宗教感情，煽动宗教狂热、大肆散布极端思想，蛊惑煽动群众，实施暴力恐怖活动。这才是新疆地区一度动荡不安的根源。

我们认为，新疆根本不存在所谓"民族歧视"问题。《中华人民共和国宪法》规定："中华人民共和国各民族一律平等。国家保障各少数民族的合法的权利和利益，维护和发展各民族的平等团结互助和谐关系。禁止对任何民族的歧视和压迫，禁止破坏民族团结和制造民族分裂的行为。"

第一，从法律领域看，新疆维吾尔自治区有关地方性法规条文内容中没有任何歧视性规定。例如，《新疆维吾尔自治区民族团结进步工作条例》第五条规定，坚持各民族一律平等。《新疆维吾尔自治区民族团结进步模范区创建条例》第八条规定，任何组织和个人不得有民族歧视的言行。《新疆维吾尔自治区宗教事务条例》第三条规定，任何组织和个人不得歧视信仰宗教的公民。《新疆维吾尔自治区实施〈中华人民共和国就业促进法〉办法》第九条规定，劳动者就业不因民族、种族、性别、宗教信仰等不同或者残疾而受到歧视。《新疆维吾尔自治区语言文字工作条例》第二条规定，坚持各民族语言文字平等的原则，保障各民族都有使用和发展自己的语言文字的自由。

第二，从政治领域看，新疆各民族不论人口多少、历史长短、发展水平高低、风俗习惯差异等，都具有平等的地位，共同参与国家事务、管理地方事务、行使基层民主权利。比如，新疆维吾尔自治区选举产生第十三届全国人民代表大会代表58名，其中少数民族代表36名，占62.07%。全国人民代表大会常务委员会组成人员中有新疆少数民族代表。新疆维吾尔自治区第十三届人民代表大会共有代表542名，其中少数民族代表349名，占64.39%。

第三，从经济领域看，新疆坚持以人民为中心的发展思想，经济社会快速发展，民生建设和投入力度持续加大，各民族拥有平等的发展机会，共同开发建设，共享幸福生活，经济权利得到有效保障。比如，新疆克州阿克陶县恰尔隆镇，那里的少数民族过去生活在大山深处，自然条件恶劣，住的是石头房、土块房，冬天进风、夏天漏雨，祖祖辈辈靠放牧为生，收入很少。2019年9月，包括恰尔隆镇在内的1164户4949名贫困人口，走出了世世代代居住的大山，全部搬到了易地扶贫搬迁点——昆仑佳苑小区，住进了通水、通电、通天然气的楼房里，生产生活条件发生了翻天覆地的变化。小区里学校、卫生院等基础设施齐全，孩子上学、老人看病都很方便。政府还投资建设了1700多座温室大棚，帮助搬迁后的村民增收。乡亲们放下了羊鞭、学会了种植技术，有的还靠一技之长自主创业、就近就地就业，都获得了稳定的收入。到2020年底，新疆共有4.01万户16.92万贫困人口通过享受易地扶贫搬迁政策，实现了脱贫致富。

第四，从文化领域看，新疆高度重视各民族优秀传统文化的挖掘、传承和保护，不断提升公共文化服务水平，大力推广使用国家通用语言文字，鼓励各民族相互学习语言文字，切实保障公民受教育权。比如，维吾尔木卡姆艺术、柯尔克孜史诗《玛纳斯》等少数民族非物质文化遗产被列入国家级名录96项、自治区级名录315项。各民族语言文字得到广泛使用，新疆使用汉、维吾尔、哈萨克、柯尔克孜、蒙古、锡伯6种语言文字出版报纸、图书、音像制品和电子出版物，新疆广播电视台有4种语言的电视节目、5 种语言的广播节目。比如，新疆尊重保护少数民族传统节日，将古尔邦节、肉孜节纳入法定节假日范畴，较中国其他省份多 4 天法定假期。比如，新疆举办少数民族传统体育运动会，将少数民族的传统习俗与体育竞技的乐趣结合起来，展现各民族团结、进步、和谐、奋进的良好精神面貌，至今已连续举办 10 届。

第五，从社会保障领域看，新疆建立了覆盖全民的社会保障体系，健康保障水平显著提升，应对突发公共卫生事件能力明显增强，社会救助及时有效，少数民族生育权得到有力保障。比如，新疆全面推进城乡教育一体化发展，实现九年义务教育全覆盖，南疆 15 年免费教育全覆盖，全疆 4 至 6 岁农村学龄前儿童实现免费入园，做到了"应入尽入"。比如，新疆持续开展城乡居民免费健康体检，实施农村户籍人口"先诊疗、后付费"和"一站式"结算，不断完善基本医保、大病保险、医疗救助三重医疗保障制度，为各族群众构筑起"健康防线"和"兜底网"。

从计划生育政策领域看，新疆对维吾尔族和其他少数民族执行相对宽松的计划生育政策。中国实行计划生育经历了先其他省后边疆、先城市后农村、先汉族后少数民族的过程，对少数民族执行有别于汉族的相对宽松政策。新疆依据国家法律，结合本地实际制定计划生育相关政策：20 世纪 70 年代初，在汉族人口中先实行计划生育；80 年代中后期，开始在少数民族中鼓励计划生育。1992 年发布的《新疆维吾尔自治区计划生育办法》明确规定：汉族城镇居民一对夫妻生育 1 个子女，农牧民可生育 2 个子女；少数民族城镇居民一对夫妻可生育 2 个子女，农牧民可生育 3 个子女；人口较少民族不实行计划生育。这一差别化生育政策是新疆少数民族人口保持较快增长的重要原因。随着经济社会发展和各族群众生育意愿趋同，2017 年修订后的《新疆维吾尔自治区人口与计划生育条例》规定各民族实施统一的计划生育政策，即城镇居民一对夫妻可生育 2 个子女，农村居民一对夫妻可生育 3 个子女。2021 年 6 月，依据国家有关政策，新疆实行各民族统一的三孩生育政策。

徐贵相：

接下来，请中国新疆维吾尔自治区人大常委会法工委主任李娟介绍有关情况。

李娟：

"涉疆评估"报告第 24 条称："法律文本似乎将在宗教实践中可能被视为个人选择的事项与'极端主义'混为一谈，并将'极端主义'与恐怖主义现象混为一谈。这大大扩展了在反恐目标或借口下可作为打击目标的实施范围。通过应用宽泛或模糊的定义，这种混为一谈的做法在根据中国刑法进行刑事定罪方面造成了特别的问题。"第35条称："新疆通过将极端主义与某些宗教、文化习俗联系起来，也具有对有关民族和宗教社区不必要、不成比例和歧视性适用的内在风险。"第84条称："这种对'极端主义'的异常宽泛的解释，通常明确针对伊斯兰教标准教义和实践，实际上使几乎所有此类行为都可能违反宗教监管和'反极端主义'政策范围内的更广泛的政府政策，因而伴有受到刑事处罚和/或再教育的风险。这就形成了一种环境，在这种环境中，宗教或文化习俗或表达与'极端主义'混为一谈，并可能对被认定有此行为的人造成严重后果。"第92条称："即使这种行为实际上可能并不违法，仍被视为极端化的表现，例如留胡子或拒绝看电视。"对"涉疆评估"报告的以上表述，我们表示坚决反对。

中国反恐去极端化的法律和政策体系符合国际社会公认的法律确定性原则。中国是实行成文法的国家，严格遵循"罪刑法定""法无明文规定不为罪，法无明文规定不处罚"原则。中国立法机关对恐怖主义、极端主义的定义及适用范围，根据违法或犯罪活动情节、程度、性质、形式等方面的不同，分别作出了明确的界定，使反恐去极端化工作更加规范、更加精准，不存在因法律条文的模糊、宽泛、笼统而导致的执法任意性问题，也杜绝了侵犯人权现象的发生。

根据《中华人民共和国反恐怖主义法》《新疆维吾尔自治区实施〈中华人民共和国反恐怖主义法〉办法》等法律法规规定，恐怖主义是指通过暴力、破坏、恐吓等手段，制造社会恐慌、危害公共安全、侵犯人身财产，或者胁迫国家机关、国际组织，以实现其政治、意识形态等目的的主张和行为。《中华人民共和国反恐怖主义法》明确了恐怖活动的5种主要表现形式，在此基础上，《新疆维吾尔自治区实施〈中华人民共和国反恐怖主义法〉办法》细化明确了恐怖活动的7种主要表现形式。

极端主义是指以歪曲宗教教义或者其他方法煽动仇恨、煽动歧视、鼓吹暴力等的主张和行为。《新疆维吾尔自治区去极端化条例》准确区分了民族习俗、正常宗教活动与极端化行为的界限，明确了极端化的15种主要表现。这15种表现形式根本不是正常的宗教习俗，也不是正常的社会生活，而是受极端主义影响扭曲变质的行为，严重干扰正常生产生活秩序，具有较强的社会危害性。过去一个时期，在风俗习惯上，极端主义把极端思想与民族风俗习惯捆绑在一起。在文化生活上，极端势力否定和排斥一切世俗文化，宣扬"不能看电视、听广播、读报刊"，大搞精神控制、文化排斥，导致一些少数民族文化被冲击、被禁锢、被封闭，少数群众思想扭曲、心理压抑，戴上了沉重的精神枷锁。这种现象背离世俗生活、背离主流价值、背离现代文明，是对现代文明的否定，是对人类进步的破坏，是对公民人权的粗暴侵犯。比如，政府在实施脱贫攻坚过程中，曾经给南疆基层农村群众免费发放电视机，目的在于帮助少数民族群众提高生活质量，融入现代文明。但是极端分子鼓吹"政府发的电视不清真"，少数受极端思想影响的人在他们的蛊惑胁迫下砸掉了电视机，拒绝收听收看广播电视节目，排斥正常的社会生活，拒绝接受现代文明社会生活方式。比如，新疆喀什地区疏勒县英尔力克乡中学原校长尼亚孜·阿布杜热西提知识渊博、德高望重，仅因向学生讲授人类进化论，他和妻子就被暴恐团伙残忍杀害，因为这违背了暴恐分子心中的"宗教教义"。

一段时间以来，极端势力打着宗教的幌子，大肆鼓吹"圣战殉教进天堂"等邪说，煽动宗教狂热，蛊惑信教群众，把一些人变成完全受其精神控制的恐怖分子，甚至变成杀人不眨眼的魔鬼。比如，艾尼·艾山纠集努尔买买提·阿比迪力米提、阿塔吾拉·吐逊等多人，披着合法宗教的外衣，组织观看暴恐音视频，被恐怖主义、极端主义思想"洗脑"，形成了以艾尼·艾山为首的恐怖组织，预谋杀害爱国宗教人士。2014年7月30日，根据艾尼·艾山的指令，努尔买买提·阿比迪力米提伙同两名组织成员，在喀什市艾提尕尔清真寺做完晨礼后，用事先准备好的斧头朝艾提尕尔清真寺大毛拉居玛·塔伊尔的头部、颈部、背部连砍数下，致使其当场死亡，并将居玛·塔伊尔的司机麦某的脸部砍伤后逃离现场。比如，阿布里克木·艾山等12人多次聚集听取以"迁徙参加'圣战'、杀死'异教徒'、建立伊斯兰哈里发国家"为内容的宣讲，观看"东伊运"暴恐视频，学习制爆技术，并成立暴力恐怖组织，进行体能训练，筹集资金购买刀具、汽油、车辆、制爆原料等，制造箱式遥控爆炸装置和背包式爆炸装置30余枚，在喀什市美食街实施爆炸、杀人恐怖活动。2011年7月30日，该组织成员在喀什市美食街路口捅刺一货车司机，并驾驶劫持的货车冲撞碾压路上行人、挥刀砍杀无辜群众。7月31日，该组织成员驾乘安装有爆炸装置的电动车来到喀什市步行街附近疯狂砍杀群众，引爆爆炸装置。两起暴恐案件共造成无辜群众13人死亡、44人受伤。比如，乃苏如拉·艾乃吐力、买买提·达吾提、凯买尔丁·乌斯曼等人受极端思想影响，成立恐怖组织，宣誓"圣战"，并在吐鲁番市亚尔乡一山洞进行聚会和恐怖训练。其间，该组织策划袭击吐鲁番市公安局老城派出所，并制作了暴恐旗帜和燃烧瓶，购买了刀斧，后因故未遂。2013年8月3日凌晨，乃苏如拉·艾乃吐力等3人在吐鲁番市清水阁洗浴中心持刀捅刺2名服务人员，致一死一重伤。8月6日晚，该团伙使用汽油燃烧瓶，烧毁亚尔乡皮牙子其拉村一夫妇经营的废品收购站。8月13日，凯买尔丁·乌斯曼等5人在吐鲁番312国道附近一出租屋持刀杀害2名女性。8月15日，乃苏如拉·艾乃吐力等3人持刀杀害亚尔乡卡孜汗清真寺主持阿不都热依木·卡日阿吉。

面对严峻复杂的反恐形势和各族群众对打击暴力恐怖犯罪、保障生命财产安全的迫切要求，新疆高举社会主义法治旗帜，依法开展反恐去极端化斗争。这场斗争不与特定地域、民族、宗教挂钩，而是按照"保护合法、制止非法、遏制极端、抵御渗透、打击犯罪"原则，既严厉打击各种形式的恐怖主义，禁止利用宗教传播极端思想、煽动民族仇恨、分裂国家等违法犯罪行为，又充分尊重和保障公民宗教信仰自由等权利，保护合法宗教活动，满足信教群众正常宗教需求，维护公民和组织的合法权益，尊重各族群众在饮食、节庆、婚丧礼仪等方面的风俗习惯。在这场斗争中，根本不存在所谓"将极端主义与宗教、文化习俗联系起来"等情况。

徐贵相：

接下来，请中国新疆维吾尔自治区公安厅副厅长亚力坤·亚库甫介绍有关情况。

亚力坤·亚库甫：

"涉疆评估"报告第 32 条称："公安机关还拥有一般权力，可在不经过独立审查的情况下就对嫌疑人进行拘留和审前长期拘押，而这有悖于国际人权法和国际人权标准。例如，根据《中华人民共和国刑事诉讼法》，在正式审问和批准逮捕之前，个人最长可被拘留 37 日。"对"涉疆评估"报告的这段表述，我们表示坚决反对。

在办理涉恐怖主义、极端主义案件时，执法、司法机关严格按照我国法律规定和法律程序进行，根本不存在所谓"未经独立审查拘留嫌疑人"的情况。具体工作中，公安机关对发现的犯罪线索迅速进行审查。经审查，对于不构成犯罪需要给予行政处理的，依法予以行政处罚或移送有关部门；认为有犯罪事实需要追究刑事责任且属自己管辖的，县级以上公安机关负责人批准予以立案。公安机关对已经立案的刑事案件，通过侦查，收集、调取以获得犯罪嫌疑人有罪或无罪、罪轻或罪重的证据材料。对于侦查终结的案件，移送人民检察院审查起诉；侦查过程中发现不应对犯罪嫌疑人追究刑事责任的，应当撤销案件。检察机关收到公安机关移送审查的案件后，认真查明犯罪事实情节是否清楚，证据是否确实充分，犯罪性质和罪名的认定是否正确，是否应该追究刑事责任，侦查活动是否合法等。对于需要补充侦查的，及时退回公安机关补充侦查（补充侦查以二次为限）。二次补充侦查仍认为证据不足，不符合起诉条件的，作出不起诉的决定；对于情节显著轻微、危害不大，不认为是犯罪的，或者犯罪已过追诉时效期限等情形，作出不起诉决定；对于犯罪情节轻微、依照刑法不需要判处刑罚或者免除刑罚的，可以作出不起诉决定；对于需要判处刑罚的，依法按程序向人民法院提起公诉。

《中华人民共和国刑事诉讼法》明确规定了刑事拘留必须同时具备两个条件：一是拘留的对象是现行犯（正在实施犯罪的人）或者是重大嫌疑分子（有证据证明具有重大犯罪嫌疑的人）；二是具有法定的紧急情形之一。《中华人民共和国刑事诉讼法》第80条和第163条分别对公安机关、检察机关的拘留情形作出了相应规定。不符合上述情形的，公安机关和检察机关不会对任何犯罪嫌疑人采取拘留措施。

根据《中华人民共和国刑事诉讼法》第91条之规定：公安机关对被拘留的人，认为需要逮捕的，应当在拘留后的3日以内，提请人民检察院审查批准。在特殊情况下，提请审查批准的时间延长1日至4日。对于流窜作案、多次作案、结伙作案的重大嫌疑分子，提请审查批准的时间可以延长至30日。人民检察院应当自接到公安机关提请批准逮捕书后的7日以内，作出批准逮捕或者不批准逮捕的决定。人民检察院不批准逮捕的，公安机关应当在接到通知后立即释放，并且将执行情况及时通知人民检察院。同时，《中华人民共刑事诉讼法》对公安机关采取刑事强制措施设置了完整的救济程序，嫌疑人既可向公安机关申请变更、解除强制措施，也可向人民检察院、人民法院提出有关申请、申诉。人民检察院对公安机关在侦查活动中采取的强制措施，包括监视居住、拘留、逮捕等的必要性、合法性进行监督，发现确有错误的，依法予以纠正。

需要指出的是，对犯罪嫌疑人实行刑事拘留措施，是我国法律针对刑事犯罪活动的一般性强制措施，并非针对某一类犯罪活动。刑事拘留期限具有明确时限规定和监督程序，一般刑事案件拘留限期为三日，只有符合结伙作案、多次作案、流窜作案等特殊条件，经过严格审批后，刑事拘留期限才能最长延长至30日。相关法律规定条件清晰，要件明确，程序严谨，符合我国司法实际，符合联合国《公民权利和政治权利国际公约》精神，根本不存在所谓"有悖于国际人权法和国际人权标准"问题。联合国人权高专办相关"指责"实属不明所以、断章取义。

徐贵相：

接下来，请中国新疆维吾尔自治区喀什大学副校长祖力亚提·司马义介绍有关情况。

祖力亚提·司马义：

"涉疆评估"报告第106条称："官方人口数据显示，自2017年以来，新疆的出生率急剧下降。2020年中国统计年鉴（涵盖2019年）的数据显示，在两年时间里，新疆的出生率下降了约 48.7%，从 2017 年的 15.88‰下降到 2019 年的 8.14‰。全国平均水平为 10.48‰。"第 107 条称："维吾尔族占多数的地区出生率下降较为显著，其中两个地区尤其受其影响。在维吾尔族人口占 96% 的和田，出生率从 2016 年的 20.94‰下降到 2018 年的 8.58‰。同样，喀什的维吾尔族人口占比约为 92.6%，该地区的人口出生率从 2016 年的 18.19‰下降到 2018 年的 7.94‰。即使考虑到中国出生率的整体下降，这些数字仍然不寻常。"

我们认为，联合国人权高专办"涉疆评估"试图将新疆人口生育率下降完全归结于近年来开展的反恐去极端化斗争，企图表明新疆针对包括维吾尔族在内的少数民族人口发展实施特殊限制性政策，这完全是臆想推论，罔顾新疆人口发展基本事实，严重违背人口发展客观规律。对此我们表示坚决反对。

从人口增长看，新疆维吾尔族和其他少数民族人口持续增长。历次全国人口普查数据显示，第一次人口普查（1953 年）新疆少数民族人口 445.15 万人，第二次人口普查（1964 年）494.89 万人，增加 49.74 万人，年均增长率 0.97%；第三次人口普查（1982 年）779.75 万人，增加 284.86 万人，年均增长率 2.56%；第四次人口普查（1990 年）946.15 万人，增加 166.4 万人，年均增长率 2.45%；第五次人口普查（2000 年）1096.96 万人，增加 150.81 万人，年均增长率 1.49%；第六次人口普查（2010 年）1298.59 万人，增加 201.63 万人，年均增长率 1.7%；第七次人口普查（2020 年）1493.22 万人，增加 194.63 万人，年均增长率 1.41%。

根据历次全国人口普查数据，新疆维吾尔族人口，1953 年第一次人口普查 360.76 万人，1964 年第二次人口普查 399.16 万人，1982 年第三次人口普查 595.59 万人，1990 年第四次人口普查 719.18 万人，2000 年第五次人口普查 834.56 万人，2010 年第六次人口普查 1000.13 万人，2020 年第七次人口普查 1162.43 万人。每两次普查间增加人口分别为 38.4 万人、196.43 万人、123.59 万人、115.38 万人、165.57 万人、162.3 万人，年均增长率分别为 0.92%、2.25%、2.38%、1.5%、1.83%、1.52%。

上述数据表明，新中国成立后，维吾尔族和其他少数民族人口总体保持较高增长水平，与新疆人口发展的趋势基本一致。进入新世纪以来，维吾尔族人口从 2000 年的 834.56 万人增长至 2020 年的 1162.43 万人，年均增长率 1.67%，远高于同期全国少数民族人口年均增长率 0.83% 的水平。

从人口发展规律看，包括维吾尔族在内的新疆人口生育率下降、人口增长放缓，符合世界人口发展的普遍规律。现代人口转变理论提出，任何国家和地区的人口增长模式均会经历由高出生率、高死亡率、低自然增长率，经过高出生率、低死亡率、高自然增长率，向低出生率、低死亡率、低自然增长率转变的过程。世界人口发展趋势也表明，经济社会发展水平越高，人们的自我价值实现和优生优育的观念越强，生育率、人口自然增长率都会随之下降。这是人类社会发展进步的必然规律，新疆也不例外。

从群众生育观念转变看，包括维吾尔族在内的新疆人口生育率下降有其客观必然性。随着经济社会的发展进步，新疆各族群众的生育观念发生了变化。一是女性就业水平不断提高，促进妇女的生育观念向少生快富转变。在新疆实施脱贫攻坚战略过程中，各地就地就近发展了一大批劳动密集型产业，推动当地经济发展，让老百姓走出了家门，从思想认识上发生了转变，认识到人多地少、仅靠种地很难增加收入，形成了哪里收入高到哪里就业的市场经济择业观。特别是对于南疆地区少数民族农村女性来说，走出家门就业，不仅增加了收入，还打破了传统的"结婚—生育—务农"循环，提高女性家庭地位，促进女性发展，增加了生育选择话语权。比如，新疆喀什地区叶城县巴仁乡阿亚格塔尕其艾日克村的布吉乃提·木沙，谈起自己与父辈们截然不同的生育观念时说："多生孩子，多麻烦，且不能脱贫。我和丈夫打算把第一个孩子带到四五岁后，再要一个孩子就够了。如果我父母年轻时做好优生优育，生活条件肯定会好很多，我也许会上得了大学。"目前，布吉乃提·木沙与丈夫租赁 100 亩地，日子一天天地好起来。二是人口受教育水平稳步提升，促进各族群众的生育观念向现代、文明、进步的婚育观念转变。新疆加快推进教育事业发展，不断加大教育投入力度，各级各类学校入学率进一步提高，群众受教育机会进一步扩大，人口素质逐步提高。2020 年，新疆 15 岁及以上人口的平均受教育年限提高至 10.11 年，较 2010 年的 9.27 年增长 0.84 年，比全国平均水平 9.91 年高 0.2 年。每 10 万人口中拥有高中文化程度的由 2010 年的 1.15 万人提高至 2020 年的 1.32 万人。随着平均受教育年限的提高，"早婚早育、多子多福、传宗接代"等传统婚育观念被越来越多的群众摒弃，"晚婚晚育、少生优生、注重子女教育培养"等现代、文明、进步的婚育观念逐渐成为大多数群众的自愿选择，越来越多的各族群众自愿选择晚婚晚育、少生优生。

新疆依法打击极端主义非法干涉婚姻，有效保护了各族妇女身心健康，尊重和保障了各族妇女的基本生育权。《中华人民共和国民法典》规定："要求结婚的男女双方应当亲自到婚姻登记机关申请结婚登记"，这也符合世界大多数国家"只有经过民事登记的婚姻才是合法婚姻"的国际惯例。前些年，极端主义借助新疆特别是南疆地区信教人口众多、对外交流不畅、现代科学知识匮乏等客观因素，蛊惑甚至胁迫群众以"念尼卡"的宗教仪式结婚、以念三个"塔拉克"的方式离婚，非法干预婚姻，造成新疆一些地方少数民族群众结婚时不足法定最低结婚年龄（男 20 岁、女 18 岁）的现象比较突出，甚至在女孩发育还未完全成熟（十二三岁）就结婚、生育的情况也时有发生，可能导致子宫受损，易引发宫颈癌等疾病，不利于女性健康。近年来，新疆依法打击极端主义非法干涉婚姻，鼓励群众依法进行婚姻登记，保护妇女身心健康，是对群众利益高度负责的表现。这一做法，仅仅起到延后生育的作用，并未限制生育，与生育率下降无任何关联。

徐贵相：

接下来，请中国新疆维吾尔自治区伊斯兰教协会副会长、乌鲁木齐市洋行清真寺伊玛目木哈提热木·西日甫介绍有关情况。

木哈提热木·西日甫：

"涉疆评估"报告第 25 条称："一份包含 75 种宗教极端主义迹象的清单，据报道，地方当局和警察部门已于 2014 年 12 月开始分发。这份宗教极端主义的清单包括完全属于行使基本自由的行为，这些行为本身与暴力或潜在暴力行动无关。"对"涉疆评估"报告的这段表述，我们表示坚决反对。

《新疆维吾尔自治区去极端化条例》所列 15 种极端化表现形式是根据《中华人民共和国反恐怖主义法》等法律法规，结合新疆反恐去极端化工作，通过一段时间观察、分析、总结，经立法部门法定程序确定下来的，作为甄别相关人员受极端主义影响的法定标准。在前些年开展社会治理的过程中，新疆一些地方发现了一些不正常的、带有极端主义倾向的现象，个别地方梳理了一些表现形式，但是并不存在所谓"2014 年 12 月地方政府和警察部门发布 75 种宗教极端主义迹象清单"，更没有将其作为法律法规予以执行。

新疆个别地区梳理归纳的极端化表现形式，根本不是所谓"行使基本自由权利的行为""与暴力或潜在暴力无关的行为"，而是受极端主义影响，渲染偏激的宗教思想观念，排斥、干预正常生产生活的言行。长期以来，暴力恐怖势力刻意把极端主义与宗教捆绑在一起，与广大信教群众捆绑在一起，与社会生活捆绑在一起，教唆信教群众抵制政府管理；鼓吹把一切不遵循极端做法的人都视为异教徒，煽动辱骂、排斥、孤立不信教群众、党员干部和爱国宗教人士；否定和排斥一切世俗文化，宣扬不能看电视、听广播、读报刊，强迫葬礼不哭、婚礼不笑，禁止人们开展正常的文化体育活动，强制妇女穿戴蒙面罩袍等。这一切都是对现代文明的否定，都是对人类进步的破坏，都是对公民人权的粗暴侵犯。极端主义是恐怖主义的思想基础，通常以歪曲宗教教义或者其他方法煽动仇恨、煽动歧视、鼓吹暴力，其蔓延发展必然导致暴力恐怖主义。

比如，喀什地区岳普湖县原教培中心结业学员尼加提·穆合塔尔，前些年受到极端分子的蛊惑，被灌输了一些极端思想，诸如"穆斯林不能和汉族人来往""不能看电视""不能参与文化娱乐活动"等，甚至"杀了异教徒可以进天堂""汉族人都是异教徒，杀死一个汉族人胜做十年功"等。慢慢地，尼加提·穆合塔尔就听信了他们的话，思想发生了变化，开始崇拜"圣战殉教者"，行为也越来越极端，从拒绝跟汉族人交流、做生意，到不让孩子到医院看病。如果任其发展下去，尼加提·穆合塔尔势必成为暴恐分子，走上违法犯罪的道路。后来，他通过参加职业技能教育培训，知道了什么是合法的，什么是违法的，什么事可以做，什么事不能做。他说："极端分子想让我们做的都是违法犯罪的事，想把我们变成杀人不眨眼的魔鬼。"

联合国人权高专办在"涉疆评估"报告中极力标榜所谓"人权""自由"，将新疆反恐去极端化工作污蔑为"侵犯人权"，为暴恐分子、极端分子"鸣屈喊冤"，这是颠倒黑白、是非不分的荒诞逻辑。试问，那些暴恐案件无辜受害者的基本人权得到保障了吗？中国是法治国家，依法保障宪法和法律赋予公民的各项权利。当然，任何公民行使权利均应当遵守国家宪法和法律，不得损害国家的、社会的、集体的利益和其他公民的合法权利。对于那些打着宗教旗号，宣扬煽动仇恨、歧视，鼓吹暴力，裹挟他人危害公共安全、扰乱公共秩序、侵犯人身财产、妨害社会管理、实施暴力恐怖活动的行为，如果不加以打击规制，必将扰乱社会正常发展、侵犯公民合法权益、损害国家利益，这在任何一个法治国家都是不允许的，任何一个负责任的政府都会采取相应的预防和打击措施。实践证明，新疆依法预防和惩治极端主义活动，最大限度保障了各族群众免遭恐怖主义、极端主义侵害，有力维护了新疆社会稳定和长治久安，是得民心、顺民意的正义之举，联合国人权高专办的"指责"毫无道理可言。

"涉疆评估"报告第85条称："除了对穆斯林宗教活动表现形式越来越多的限制之外，还有反复出现的关于伊斯兰宗教场所遭到破坏的报道，例如毁坏清真寺、神社和墓地的报道，尤其是在'严打'运动期间。"第86条称："对公有土地卫星图像的分析表明，许多宗教场所似乎已被移除或改变了其标志性识别特征，例如宣礼塔被移除。其中一个例证是位于新疆南部和田市北部的伊玛目阿西木圣寺的改造。"对"涉疆评估"报告的这段表述，我们表示坚决反对。

事实上，在新疆，清真寺依法得到有效保护。对喀什艾提尕尔清真寺、伊宁解放南路清真寺、和田加买清真寺、乌鲁木齐洋行清真寺等列入国家和新疆文物保护单位的宗教活动场所，政府拨专款进行修缮。对年久失修的宗教活动场所，政府有关部门根据《中华人民共和国城乡规划法》等法律法规，根据当地穆斯林的呼吁和申请，通过新建、迁建、扩建等多种方式，解决了其安全隐患问题，保障正常宗教活动顺利进行。目前，新疆的清真寺完全能够满足信教群众的需要。宗教活动场所条件持续改善，清真寺里普遍有水、电、路、气、通信、广播电视等设施，配备有医药服务、电子显示屏、电脑、电风扇或空调、消防设施、饮水设备，主麻清真寺还有净身设施、水冲式厕所，为信教群众提供了极大便利。

阿克苏市喀拉塔勒镇吐格曼巴什村托格拉克加依清真寺建于1995年，于2017年进行了原址重建。乌鲁木齐市小地窝堡清真寺建于1994年，2017年根据城市规划调整和周边穆斯林要求，迁建至现址，2020年投入使用。

新疆政府尊重穆斯林的土葬风俗，对有土葬习俗的少数民族，采取了划拨专用土地、建立专用公墓等具体措施予以保障。比如，在阿克苏市西北部，建有占地4800余亩的公益生态公墓，有1.35万个墓穴。再比如，在乌鲁木齐市天山区建有占地1800亩的花儿沟公墓，已安葬遗体6万多具。政府2020年投入2000余万元，在这个公墓的园区内新建综合业务楼、便民停车场，重建太平间，维修装修告别厅。

事实上，伊玛目阿斯木麻扎（即"涉疆评估"报告所说的"伊玛目阿西木圣寺"）位于和田市吉亚乡塔吾阿孜村，占地面积约50亩。目前，该麻扎保存完好。根本不存在报告中所说的毁坏墓地、清真寺的事。

伊玛目阿斯木麻扎东南沙丘上原有一座清真寺，建于20世纪30年代，因年久失修，2017年自然倒塌。当地利用附近的塔吾阿孜村清真寺（该清真寺始建于1932年，重建于1996年，占地面积1300余平方米），来满足信教群众的正常宗教活动需求。

徐贵相：

接下来，请中国新疆维吾尔自治区公安厅副厅长亚力坤·亚库甫介绍有关情况。

亚力坤·亚库甫：

"涉疆评估"报告第44条称，"从相关个人的角度来看，在职业教育和培训中心中的关押是无限期的，其结束只能通过满足当局评估的未定义标准来确定"。"涉疆评估"报告第54条称，"政府表示，教培中心现已关闭，所有'学员都已毕业'，从而表明这些设施可能不再使用。人权高专办无法证实这一点，这主要是由于自2019年底以来缺乏相关的官方或其他信息以及无法进行实地核查"。对"涉疆评估"报告的这一结论，我们坚决反对。

新疆教培中心是依法设立的去极端化性质的学校，主要目的是对受极端思想感染，有轻微犯罪行为或违法行为人员开展教育、转化、挽救工作，着力消除恐怖主义、极端主义滋生蔓延的土壤和条件。教培中心实行寄宿制管理，学员可定期回家，有事请假，学员在教培中心学习过程中的人身自由得到依法保障，根本不存在联合国人权高专办"涉疆评估"报告中所谓"关押"问题。

"涉疆评估"报告所谓"从个人角度来看，职业技能教育培训无期限"是彻头彻尾的伪命题。新疆依法开展职业技能教育培训工作，有效遏制了暴恐活动多发频发势头，最大限度保障了各族群众免受恐怖主义、极端主义侵害。2019年10月，所有参加"三学一去"培训的学员已经全部结业，根本不存在所谓"职业技能教育培训无期限"的问题。事实上，在开展教培工作时，学员培训时间根据学员实际情况而定。

"涉疆评估"报告所谓"教培结束只能通过满足当局评估的未定义标准来确定"，完全是无中生有。在开展教培工作中，教培中心与学员明确约定培养目标、结业标准、考核方式等内容，只要学员通过学习培训后考核达标，符合结业标准，即可以结业。比如，和田市教培中心针对国家通用语言文字的考核通过笔试和口试的方式进行；对法律法规的考核通过笔试（口试）考核和日常行为表现相结合的方式进行；对去极端化的考核通过思想表现、观念转变等综合评定方式进行；对职业技能的考核参照当地人力资源社会保障等部门的考核方式进行。在上述四项考核合格后，教培中心即为学员办理结业手续。比如，喀什市教培中心制定有详细的结业标准，即通过学习培训，学员法治意识明显增强，能够初步使用国家通用语言文字，掌握一定的实用技能，认清恐怖主义、极端主义的本质和危害，摆脱恐怖主义、极端主义的精神束缚。在参加学习培训前，教培中心会明确告知每名学员结业标准，根本不存在所谓"结业评估标准不明确"的情况。

"涉疆评估"报告所谓"无法证实教培中心设施不再使用"这一谬论，完全是凭空猜测。事实上，新疆一些地方政府为更好地开展教育教学，节约资源，将本地职业高中改作教培中心，教培工作结束后，仍重新作为职业高中使用。比如，库车市原教培中心以前是一所中学，教培工作结束后，该场地一部分由库车市中等职业技术学校使用，剩余部分由库车市技工学校使用。比如，阿瓦提县原教培中心以前是阿瓦提县职业高中，教培工作结束后，该场地作为阿瓦提县技工学校使用。比如，乌什县原教培中心以前是乌什县职业高中，教培中心关闭后，该场地作为乌什县职业技术学校使用。

徐贵相：

感谢各位媒体记者的耐心倾听。接下来，新疆各位代表将就大家关心的问题进行交流。欢迎大家就各自感兴趣的问题进行提问。

问

美联社：

为什么新疆代表团会来到这里？你们将会和哪些人会面？给联合国人权高专办传递了怎样的观点或是信息？中国是否担心或者畏惧调查？

答

徐贵相：

首先，我们来到这里，这是由联合国这个重要平台的性质、地位和作用决定的。因为这里云集了各国外交官和许多媒体，到这里来讲，我们的声音才会传得更远，才能让更多的人了解到来自新疆的情况介绍。

在过去的几年里，我们作了很多努力，不知道各位关注到多少。比如说，我们已经召开了79场新疆专题新闻发布会，今天是我们的第80场新疆专题新闻发布会。但是我不知道你们过去关注了多少场，我们介绍的情况你们了解了多少。今天我们面对面地进行介绍，相信你们能够非常直观、比较全面系统地了解新疆真相。

从国际舆论场上看，虽然我们过去介绍了大量情况，但一些媒体记者参加了新疆专题新闻发布会却没有报道，一些媒体记者甚至不相信自己听到的，包括到新疆去的一些媒体记者不相信自己看到的，又作了一些选择性的报道、歪曲的报道。比如，BBC的记者曾经多次到新疆去进行采访，到教培中心采访。当时在教培中心的教室里，他们与学员进行了非常充分的、自由的交流，也拍摄了大量的画面。但是在BBC制作的节目当中，却把在教室里拍到的学员上课、进行技能培训的一些画面说成是学员被剥夺了自由。

我们接下来还将进行一系列的活动，将与联合国人权高专办有关官员进行进一步交流，还将在人权理事会有关会议上介绍新疆的情况。至于可能出笼的所谓"涉疆决议"肯定不是为了宣传新疆人权事业成就，而是偏执地、片面地、错误地对新疆人权状况进行指责，我们表示坚决反对。新疆人权事业取得的成就是有目共睹的。2018年底以来，我们已经邀请了近200个国家和地区的2300多人到新疆参访，其中包括联合国人权高专办官员。他们实地了解了新疆人权事业发展取得的成就。如果不抱偏见的话，他们应该能够看到一个真实的新疆。我们希望国际社会更多人士，包括其他一些国家的有关人士到新疆参访，我们也愿意同大家进行交流。

法新社：

能不能介绍你们此次访问的更多细节，比如你们将会跟哪些人会面，会不会与联合国人权高专办官员会面，为什么跟他们会面非常重要？

答

徐贵相：

首先，我们希望和联合国人权高专办进行进一步交流，当然，这要看双方的时间安排。高专办有关官员今年5月份曾到新疆参访。我们想进一步同高专办进行交流，就有关问题交换看法。我们希望有这样一个机会。

第二个问题，从新疆维吾尔自治区的角度来讲，我们最大的愿望就是把真实的新疆介绍给全世界。因为我们相信全世界绝大多数人都是客观、公正的，都是能分清是非、善恶的，是有这个立场和态度的。如果下一步有关方面或者有关机构推出所谓"涉疆决议"，我们会坚决开展针锋相对的批驳。因为新疆根本就不是一些人所想的那样。我们要让世界上所有人都了解新疆，感受到真实的新疆。

路透社：

你们关于联合国人权高专办报告的有什么工作计划？你们会不会针对个人实施制裁，如果会，将针对哪些人？你们是否会允许联合国或者其他国际组织不受限制地访问新疆？

答

徐贵相：

第一，针对联合国人权高专办的报告，实际上我们已经开展了一系列工作。

在高专办"涉疆评估"报告发布之前，我们已经通过各种方式向高专办作了大量的说明，充分介绍新疆的真实情况。我了解到，新疆的各族群众、各界代表通过发送电子邮件、信函等方式，向高专办以及前任高专本人介绍了真实状况。我们也在联合国人权高专办的网站上同步发表了《新疆反恐去极端化斗争的事实真相》，我们建议您看一下。我们作出这些努力是想让大家全面客观地了解情况，正确作出判断。

第二，新疆是开放地区，新疆的人权状况也会进一步改进完善，但是新疆根本不存在像高专办"涉疆评估"报告以及美西方一些国家所称的"大规模侵犯人权"的问题。我们愿意进一步同国际人权组织进行交流，这种交流的方式是多种多样的，可以通过信函的方式，也可以通过视频的方式。当然，也非常欢迎国际组织代表到新疆实地参访，去了解真实情况。但是，我们不希望看到一些人片面地看待新疆，戴着有色眼镜看待新疆，甚至充当反华势力的政治工具对新疆进行无理指责。如果有这样的行为，那就关上了交流合作的大门，对国际社会人权事业发展进步也是不利的。我们认为，开展更多积极的、客观的、建设性的交流、对话与合作是非常有必要的，我们希望在这样的活动中进一步介绍新疆尊重和保障人权的经验。

最后，我们呼吁，国际社会应擦亮眼睛，看清新疆反恐去极端化斗争的事实与真相，在正义与邪恶、光明与黑暗、前进与倒退的斗争中作出正确的选择。

我们建议，联合国人权机构等国际组织应调查美国等一些西方国家在本国和其他国家制造的人权灾难、犯下的累累罪行。

我们期待，大家到新疆来走一走看一看，亲身感受新疆的发展进步。我们在新疆欢迎大家。

感谢大家，再见！

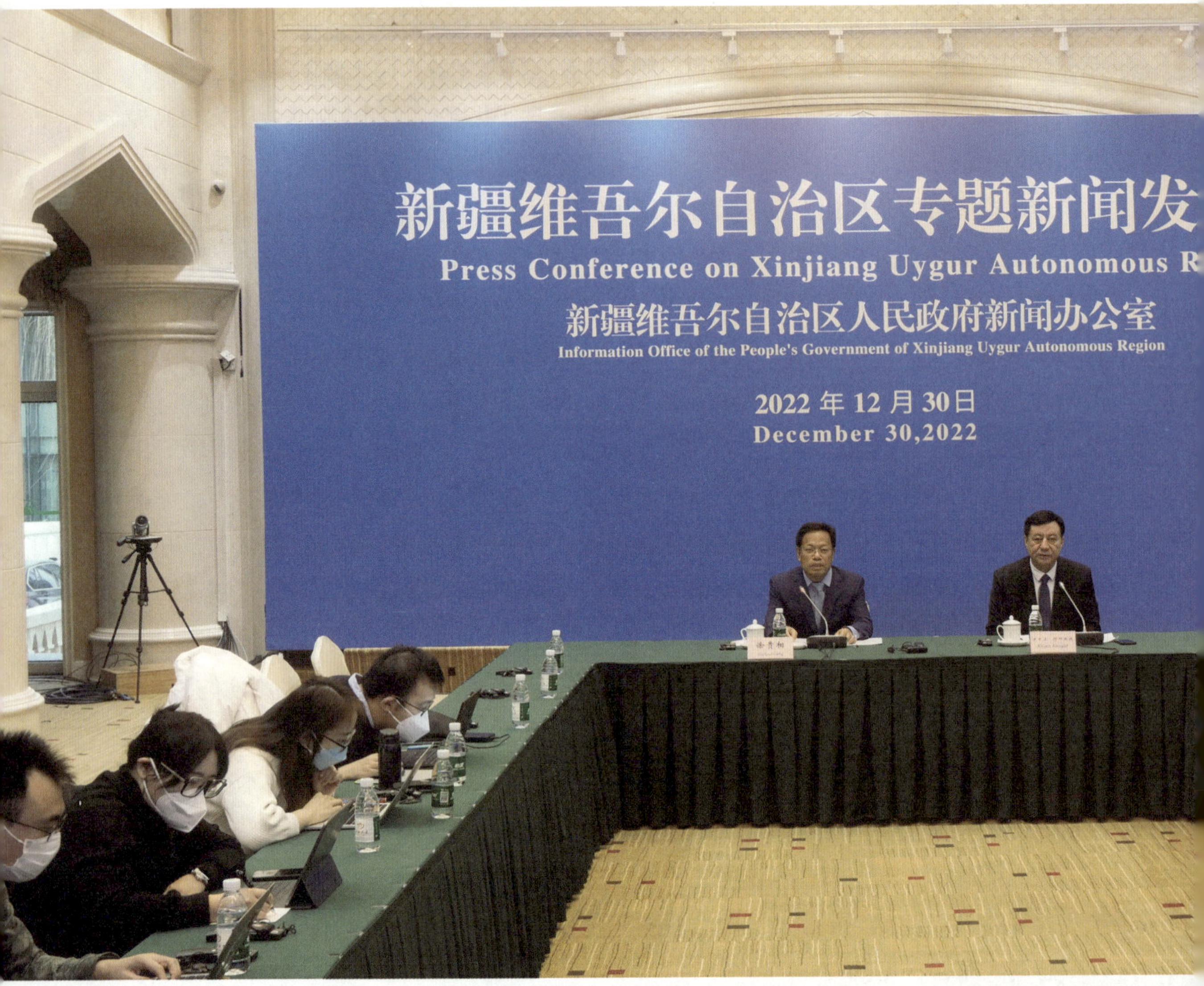
新疆维吾尔自治区专题新闻发
Press Conference on Xinjiang Uygur Autonomous R
新疆维吾尔自治区人民政府新闻办公室
Information Office of the People's Government of Xinjiang Uygur Autonomous Region
2022 年 12 月 30日
December 30,2022

徐贵相
Xu Guixiang

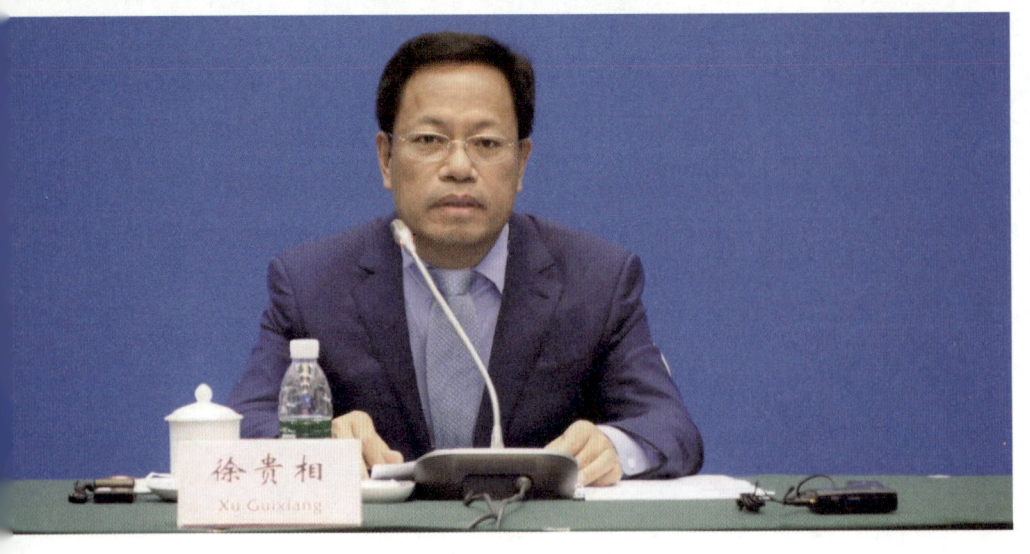

新疆维吾尔自治区第81场涉疆问题新闻发布会实录

2022 年 12 月 30 日，新疆维吾尔自治区在北京举办专题新闻发布会。

徐贵相：

　　各位记者朋友，各位嘉宾，大家好！

　　欢迎参加新疆维吾尔自治区专题新闻发布会。我是新疆维吾尔自治区人民政府新闻发言人徐贵相，坐在我旁边的是新疆维吾尔自治区人民政府另一位新闻发言人伊力江·阿那依提先生。此外，还有个别人员通过视频连线方式介绍有关情况。

　　今天的新闻发布会，主要就近期有关情况发表看法，然后与媒体朋友进行交流。

　　一、对欧洲议会通过的一项决议（其中涉疆部分声称"中国政府借疫情防控系统性镇压维吾尔人"）的看法

徐贵相：

　　我们认为，欧洲议会决议的涉疆内容是错误的。今年8月以来新疆发生的新冠疫情，是新疆历史上传播速度最快、涉及面最广、感染人数最多、防控难度最大的重大突发公共卫生事件，给新疆各族群众正常生产生活和生命健康安全带来严重影响。在本轮疫情防控中，新疆各级政府坚持以人民为中心的理念，把保障和改善民生摆在突出位置，认真倾听各族群众的诉求和心声，有力开展保物流畅通、稳链供应、农业生产、基本民生、纾困解难等工作，用心用情用力解决群众衣食住行、求医问药等急难愁盼问题，有力保障了各族群众的生命健康权。在这期间，包括维吾尔族在内的各族群众，明大理、识大体、顾大局，主动参与和配合疫情防控各项工作，凝聚起了强大合力，铸牢了中华民族共同体意识，为疫情防控工作平稳有序转段发挥了重要作用。

　　必须指出，病毒传播有客观规律，不是定向的，更不会针对哪个民族，新疆制定执行的所有防疫政策也从来不以民族划线，根本不存在所谓"新疆镇压维吾尔人"的问题。欧洲议会炮制虚假信息，违背了基本科学常识，他们把新疆所做的一切都扣上"侵犯人权"的帽子，充分说明他们为了打压新疆，已经到了不择手段的程度。希望国际社会看清他们的阴暗心理，不要相信那些鬼话。

二、对所谓"新疆警方档案"的看法

徐贵相：

这个问题，请伊力江·阿那依提先生发表意见。

伊力江·阿那依提：

近期，德国反华学者阿德里安·曾兹（又名郑国恩）在美国"共产主义受难者纪念基金会"网站爆料所谓"新疆警方档案"，严重误导了国际社会涉疆认知。

首先，阿德里安·曾兹在国际社会早已臭名昭著。他是"共产主义受难者纪念基金会"成员，而该基金会是美国政府支持的极右翼组织，曾被称为"20多个国家新纳粹分子、法西斯分子和反犹太极端分子的庇护所"。他自认为"受上帝的引领"，肩负着反对中国的"使命"。抱着这样的邪恶用心，阿德里安·曾兹发表了一些"涉疆报告"和言论，事实上这些"报告"和言论都是建立在猜测、臆想、虚构基础之上的，毫无道理可言。国际社会早已看清了他的嘴脸。这一次，阿德里安·曾兹故伎重演，大肆炒作所谓"新疆警方档案"，进一步暴露了他唯恐新疆不乱的阴谋。

阿德里安·曾兹炒作的所谓"新疆警方档案"，充斥着大量虚假信息，经不起事实考证。我们发现，所谓"新疆警方档案"公布了由2884张所谓"被任意拘留者"头像组成的"照片墙"，声称"照片墙"上人员为"无辜受害者"。经有关部门认真查核，这2884名所谓"被任意拘留者"绝大多数都在正常生活。比如，"照片墙"中的努尔古丽·阿卜杜克热木，2022年6月从新疆应用职业技术学院毕业后回到家乡，在疏附县人民医院工作，她和她的亲人们均一直在正常生活，从来没有所谓"被拘留"。比如，"照片墙"中的艾麦提江·如则，和妻子一直在家中务农，经济收入稳定，两个孩子均在读高中，他和他的妻子、孩子们均一直正常生活，也从来没有所谓"被拘留"。阿德里安·曾兹声称，"通过卫星图像证实，疏附县一所教培中心位于新拘留所后面和伊什来木其路附近"，并描述了该教培中心4个瞭望塔和6个警务站的有关情况。经实地走访发现，阿德里安·曾兹所谓"位于新拘留所后面和伊什来木其路附近的教培中心"，实际上是疏附县技工学校，位于疏附县托克扎克镇，主要负责农牧民农业、牧业技能培训，帮助农牧民提高种植养殖效益，根本不是教培中心，也没有所谓的"4个瞭望塔、6个警务站"。

阿德里安·曾兹声称，"疏附县工业园区职业技能教育培训中心是由一个拘留所改造而成的"。经实地调查发现，阿德里安·曾兹所谓的"疏附县工业园区职业技能教育培训中心"，实际上是疏附县广州工业园区，该园区驻有各类企业 42 家，配套员工宿舍楼 13 栋，园区自成立以来从未设立过教培中心。

阿德里安·曾兹声称，"特克斯县将看守所用作教培中心"，并将当地公安机关在看守所进行的应急演练诬称为"职业技能教育培训中心处置逃跑防暴演习"。事实上，特克斯县看守所自 2010 年投入使用以来从未被用作教培中心，公安机关进行的应急演练也是正常的业务工作。他还称，"教培中心强制学员注射药物"，并展示了一张所谓"特克斯县教培中心一名老年被拘留者正在接受注射"的图片。事实上，这是特克斯县疾控中心对特克斯看守所在押人员定期开展抽血体检的照片，目的是检测在押人员是否患有艾滋病、肺结核、梅毒、淋病等传染性疾病，以便及时开展医疗救治。图片上医务人员右手部位可清晰看到抽血使用的医用针管和存放血液的试管瓶顶部盖子，根本不是所谓的"强制学员注射药物"。

阿德里安·曾兹还引用犯罪分子吾买尔·白克力的所谓"证言"，称其"从哈萨克斯坦回新疆探亲时遭拘留，被戴上手铐、脚镣和黑头罩"，暗示"新疆任意拘押维吾尔族"。事实上，2017 年 3 月 26 日至 2017 年 11 月 24 日，吾买尔·白克力因涉嫌组织、领导、参加恐怖组织罪，曾被公安机关依法调查。公安机关查明，吾买尔·白克力多次怂恿、教唆、资助他人参加恐怖组织。2006 年 6 月，他还将 2.2 万美元用于资助境外"圣战"人员。吾买尔·白克力被公安机关依法调查期间，公安机关依法保障他的各项权利，并于 2017 年 7 月 1 日安排有关国家驻华使馆领事官员进行领事探视。2017 年 11 月 24 日，他被解除强制措施，限期出境。2017 年 12 月 4 日，吾买尔·白克力出境。

下面，请大家观看视频。

三、对涉疆纪录片《寻找我的姐姐》的看法

徐贵相：

据了解，涉疆纪录片《寻找我的姐姐》是"维吾尔运动"头目茹仙·阿巴斯勾结加拿大电影制作团队拍摄制作的反华作品。

茹仙·阿巴斯是所谓"维吾尔运动"组织头目、"美国维吾尔协会"前副主席。长期以来，她四处窜访西方国家政要及议员，频繁参加涉疆反华活动，攻击诬蔑中国治疆政策，炒作"种族灭绝""侵犯人权"等话题。她的姐姐古丽仙·阿巴斯，2019年3月被新疆人民法院以"参加恐怖组织罪、帮助恐怖活动罪、聚众扰乱社会秩序罪"依法判处有期徒刑20年，目前在监狱服刑，各项合法权利得到依法保障。

在该纪录片中，茹仙·阿巴斯编造了大量虚假内容，为她的姐姐"鸣冤叫屈"，目的就是迎合美西方反华势力"以疆制华"图谋，抬高自己的身价。这样的闹剧不值得看。必须指出，中国是法治国家，任何违法犯罪分子都必将受到法律制裁。新疆人民法院以事实为依据，以法律为准绳，对茹仙·阿巴斯的姐姐古丽仙·阿巴斯进行判决，完全经得起事实和历史检验。

四、对美国盖蒂出版社出版《文化遗产及大规模暴行》一书的看法

徐贵相：

下面，请伊力江·阿那依提先生发表意见。

伊力江·阿那依提：

2022年9月，美国盖蒂出版社出版了《文化遗产及大规模暴行》一书，声称"新疆有一万多座清真寺被损毁、数十处宗教圣地遭受破坏与拆除，这些活动属于文化清洗与灭绝"。必须指出，在长期历史过程中，新疆地区各民族共同创造了灿烂的文化，遗存了大量文化遗产，是中华文化不可分割的重要组成部分。新疆高度重视少数民族文化遗产保护传承工作，取得了显著成效。2008年，新疆颁布实施了《新疆维吾尔自治区非物质文化遗产保护条例》；2010年，颁布实施了《新疆维吾尔自治区维吾尔木卡姆艺术保护条例》。这一系列非物质文化遗产保护制度，为科学、系统地抢救保护非物质文化遗产提供了制度保障。比如，新疆维吾尔木卡姆艺术、柯尔克孜史诗《玛纳斯》、维吾尔族麦西热甫分别列入联合国教科文组织"人类非物质文化遗产代表作名录"和"急需保护的非物质文化遗产名录"。比如，宗教文化遗产得到有效保护。目前，新疆有喀什艾提尕尔清真寺、昭苏圣佑庙、克孜尔千佛洞等109处宗教文化古迹被列入全国重点文物保护单位和自治区级文物保护单位。其中，全国重点文物保护单位46处，自治区级文物保护单位63处。中央政府拨专款对列入国家和新疆文物保护单位的克孜尔千佛洞、柏孜克里克石窟、喀什艾提尕尔清真寺等进行修缮。新疆出

资维修吐鲁番苏公塔、昭苏圣佑庙、乌鲁木齐红庙子道观等28处宗教建筑（场所）。涉及宗教的非物质文化遗产也得到了保护和传承。截至目前，新疆共有不可移动文物9542处，其中：世界文化遗产6处、全国重点文物保护单位133处、自治区级文物保护单位620处、县（市）级文物保护单位4183处。新疆现有国家级历史文化名城5处、历史文化名镇3处、历史文化名村4处、历史文化街区2处、中国传统村落18处。

《文化遗产及大规模暴行》这本书无视新疆保护各民族文化遗产的措施和成效，编造了大量虚假信息，诬称新疆实施"文化灭绝"政策，这根本不符合事实。比如：书中提到的克里亚镇的伊德加清真寺，实际名称为于田县艾提卡清真寺。书中描述："清真寺门楼被拆毁"。实际情况是，该清真寺位于和田地区于田县老城区街道，地处县城巴扎中心，1999年公布为自治区级文物保护单位，2013年公布为全国重点文物保护单位。该清真寺外墙由砖砌成，呈几何形图案，是典型的砖木结构伊斯兰宗教建筑。新中国成立以来，自治区先后组织开展了3次保护修缮工作，累计投入资金100余万元。目前清真寺文物本体保存完好，周边还设置了保护围栏并配备专职看护人员2名。2014年2月，因昆仑山发生7.3级地震，造成该清真寺部分附属建筑（民房，非文物本体）倾斜错位，核定为危房，暂停作为宗教场所对外开放。

下面，请大家观看视频。

再比如，书中提到苏丹基尔米什·萨依德神龛，实际名称为库尔木什阿塔木麻扎，称当地将该麻扎开发为旅游点是亵渎圣地的行为，信教群众需要购票进入。实际上，该麻扎位于阿克苏地区温宿县神木园景区内，景区对外开放，而麻扎为封闭管理状态，不对外开放。1986年，温宿县人民政府财政拨款4万元，群众捐款10余万元，对麻扎进行了修缮，并建起围墙，架设了围栏。1999年7月，这一麻扎被列为自治区级文物保护单位。2021年，阿克苏地区再次投入保护资金25万元，建设保护标志牌及320米围栏。目前，该麻扎文物本体保存完整，并配有2名专职看护员，负责日常保护管理。

接下来，我们视频连线温宿县库尔木什阿塔木麻扎的看护员牙库甫·艾山。

牙库甫·艾山，您好！我们正在北京举办涉疆专题新闻发布会。请介绍一下库尔木什阿塔木麻扎保护修缮的情况。

牙库甫·艾山：

大家好！我叫牙库甫·艾山，是温宿县库尔木什阿塔木麻扎的看护员，从事看护工作已经有5年了。下面，我向大家简单介绍温宿县库尔木什阿塔木麻扎的基本情况。

库尔木什阿塔木麻札位于新疆阿克苏地区温宿县吐木秀克镇河崖村西北、天山神木园山口东侧的拱拜孜山梁上，距县城西北 60 公里，海拔 1700 米，占地 700 余亩。这个麻扎系早期伊斯兰式建筑样式。该遗址主要分为山口东侧墓葬区、山口西侧墓葬区。这是一个清代麻札。

为了保护这里，1986 年温宿县财政拨款 14 万元，对麻扎外围进行了修缮，筑起了砖墙、架设了围栏。该麻扎 1989 年被确定为县级文物保护单位，并有专人进行管理、维护；1999 年被公布为自治区级文物保护单位；2012 年又被列为自治区区级重点文物保护单位。2018 年起，按照《新疆维吾尔自治区野外文物看护员管理办法（试行）》要求，温宿县为库尔木什阿塔木麻扎配备了 2 名文物看护员。看护员的职责是按照文物保护部门要求落实"一周一次以上"的文物保护实地打卡、拍照、记录、巡查看护，做好文物保护工作。2021 年，为减少人为因素对文保单位造成破坏，温宿县实施了库尔木什阿塔木麻扎保护性建设项目，新建围栏 320 米，项目总投资 15 万元。2022 年，温宿县对麻扎东侧平台地面、平台木构架及建筑下部地基实施了抢险加固修复，目前已通过自治区文旅厅评审，项目总投资 10 万元。今后，温宿县将继续对麻扎实施全面的保护修缮工作。

今年，在县委、县政府的大力支持下，我们又在麻扎周边连片种植了 278 亩沙棘，补植补造杨树苗 300 棵；计划明年培育种植花海 200 余亩，进一步改善景区周围生态环境。我们所做的一切都是为了传承中华文化智慧的结晶，更是为了保留淳朴的少数民族文化。欢迎大家来到库尔木什阿塔木麻扎参观。

五、对美国商务部将中国涉疆科技企业列入所谓"实体清单"的看法

徐贵相：

据外媒报道，美国商务部 2022 年 12 月 15 日将 36 家中国科技企业列入所谓"实体清单"，其中包括天地伟业公司。美方称中国天地伟业技术公司涉嫌在中国对维吾尔族、哈萨克族等少数民族穆斯林实施"镇压、大规模任意拘留和高科技监控"，存在"侵犯和践踏人权"情况。

据了解，天地伟业公司是一家合法注册、依法依规生产经营的企业，位于中国天津，是全球领先的智能安防解决方案提供商。该公司基于人工智能、大数据、云计算、物联网等技术，为政法、交通、金融、教育、环保等行业提供智能视频产品、系统解决方案及优质技术服务。该公司始终履行社会责任，恪守商业道德，严格遵守中国相

关法律法规，在符合国内国际行业标准的前提下开展技术研发与产品服务。新疆用户使用该公司的产品，是为了加强新疆信息化建设、提升新疆社会治理水平、构建安居乐业的和谐社会，既不针对任何特定民族、特定群体，更不存在任何"侵犯人权和高科技监控"的行为。

众所周知，将高科技产品用于社会治理是国际社会通行做法。美国在智能安防、大数据及信息平台方面的投入、研发和应用在全球领先。那么这些产品是不是也是为了监控美国民众呢？美国对参与新疆科技信息化发展的中国企业进行抹黑，这明显是赤裸裸的"双标"！他们的目的就是打压中国企业，阻碍新疆信息化产业发展，破坏新疆社会稳定，我们对此表示坚决反对！

六、对"疫情防控措施影响了新疆对外开放"的看法

徐贵相：

近日外媒报道称，尽管现在新疆已经和中国其他地方一样"全面放开"，但在几个月以前的疫情防控中暴露出了新疆在"外防输入"上面临的巨大压力，这势必会影响新疆对外开放的信心和前景。对此，我们认为大可不必。

新疆地处亚欧大陆腹地，是"丝绸之路经济带"建设的核心区，是中国向西开放的重要门户，是连接东西的国际大通道，具有得天独厚的区位优势，正面临着难得的历史机遇。近年来，新疆对外开放取得了实打实、沉甸甸的成果，新疆已同25个国家和国际组织签署了21项合作协议，与176个国家和地区建立了经贸关系，缔结国际友好城市45对。2022年1—10月，新疆外贸进出口总值1947.9亿元人民币，同比增长60.3%，高于全国增速50.8个百分点，增速居全国第一位。

口岸经济带是新疆对外开放的门户。新疆现有20个国家批准的对外开放口岸，包括17个边境陆路口岸、3个航空口岸，其中阿拉山口、霍尔果斯口岸是集铁路、公路、管道运输三位一体的对外开放口岸。截至2022年10月，霍尔果斯、阿拉山口口岸年内通行中欧班列数达10017列，同比增长7.8%。自开行以来，中欧班列经霍尔果斯、阿拉山口铁路口岸通行的班列固定线路达57条，通达欧亚19个国家和地区。

下一步，新疆将认真贯彻落实党的二十大精神，按照中央经济工作会议精神，始终坚持高水平对外开放，更好利用国内国际两个市场、两种资源，积极服务和融入新发展格局，高质量推进丝绸之路经济带核心区建设，发挥"口岸经济带"开放门户作用，着力打造内陆开放和沿边开放的高地，推动对外开放不断向广度和深度拓展。

七、对新疆冬季冰雪旅游受疫情防控措施影响的看法

徐贵相：

下面，请伊力江·阿那依提先生发表意见。

伊力江·阿那依提：

近日外媒称，尽管新疆冬季冰雪旅游资源丰富，但是因为前几个月的疫情防控异常严厉，导致至今游客稀少，往年到新疆参加冰雪游的游客不敢到新疆游玩。对此报道，我们不赞同。

众所周知，新疆地处冰雪黄金纬度带，冰雪资源极为丰富，特点非常鲜明，拥有与欧洲阿尔卑斯山区、北美洛基山区等相当的世界一流冰雪资源禀赋。一是冰川多。新疆拥有全球中纬度最大的山岳冰川区，共有大小冰川 1.86 万余条、总面积 2.4 万多平方公里，占我国冰川总面积的 42%。二是积雪厚，雪量大，适宜滑雪的"粉雪"多，气候好，风速小、温度适中、阳光充足，山体高大、坡度适中。全国落差超过 1000 米的滑雪场都在新疆，是全国滑雪条件最好的地区。其中，阿勒泰地区富蕴县可可托海滑雪场落差最大超过 1200 米。三是滑雪场距城市近、交通方便，高等级滑雪场均有铁路、民航和高速公路通达。比如，丝绸之路国际滑雪场距乌鲁木齐市 50 公里，天山天池滑雪场距乌鲁木齐市 84 公里，可可托海国际滑雪场距富蕴县城 70 公里，将军山滑雪场就建在阿勒泰市区。四是冰雪资源组合优势明显，除了冰雪资源禀赋好之外，还有浓郁的民族风情、奇特的冰雪景区、温泉和绿色生态有机食品，共同组成"冰雪运动＋冰雪观光＋民俗体验＋特色街区＋温泉水疗"等复合多元冰雪旅游产品。新疆冰雪文化底蕴深厚，冰雪知名度不断提高，冰雪设施日趋完善，冰雪经济前景广阔。

新疆大力实施旅游兴疆战略，出台一系列支持冰雪旅游发展的政策措施。大美新疆正成为冰雪旅游、冰雪运动的首选目的地。新疆冰雪经济迎来了重要发展机遇，展现出广阔的发展前景。12 月 11 日，自治区文化和旅游厅发布 12 条精品冰雪旅游线路，内容涵盖文化、美食、体育等元素，范围涉及全疆大部分地州市。随着新雪季的到来，"滑雪"已成为当下的旅游热搜关键词，全疆各地掀起了冰雪旅游热潮。截至目前，全区 84 家滑雪场已经全面开放，其中 S 级滑雪场 36 家，4S 级 6 家，5S 级 5 家。全疆发放 5 万余张冰雪旅游消费券。12 月 18 日，2022 "冰雪之美，尽在新疆"冬季旅游宣传推广季启动，阿勒泰地区围绕举办第 16 届新疆冬季旅游产业交易博览会开展系列冬季冰雪旅游活动；伊犁州突出"雪之恋"冰雪文化主题，开展丰富多彩的冰雪

民俗活动；昌吉州通过冬捕节、年货节等冰雪旅游节庆活动，进一步打响"昌吉的冬日·别样的温暖"冬季文旅品牌……新疆各地陆续公布的 180 项以冰雪旅游为主的各类活动，正在如火如荼地展开。热情好客的新疆人，正敞开怀抱，欢迎四海宾朋的到来。

接下来，请大家观看一段视频。

八、对今年新疆棉花产量及销路问题的看法

徐贵相：

近年来，新疆棉花生产呈现规模化种植比例增加、集约化水平不断提升的发展态势。特别是今年，新疆棉花产量达到 539.1 万吨，较上年增加 26.2 万吨，占全国棉花总产量的比重持续提升，达到 90.2%，创历史新高。棉花单产 143.9 公斤/亩，比上年增加 7.5 公斤/亩，增长 5.5%。不光是产量的增加，同时还有质量的提升。新疆大部分地区日照时间长、昼夜温差大、干旱少雨，高山融雪供水稳定，适合棉花生长。在这种条件下生产的棉花，棉铃大、纤维长、颜色白、单体价值高，受到国内外商家的青睐，销路也逐年向好。当然，你们也都知道，美国搞了一个所谓的"维吾尔强迫劳动预防法"，诬称新疆的棉花生产存在"强迫劳动"，企图破坏新疆棉花生产、加工、销售产业链，但实际上也没什么用。美国不用新疆棉花，我们也不一定非要卖给他们，世界上还有那么多人需要穿衣服、盖被子，新疆的棉花市场大得很。

九、对新疆首个高原机场正式通航运营后当地旅游及经济发展情况的看法

徐贵相：

12 月 23 日，新疆塔什库尔干红其拉甫机场正式通航，这也是新疆第 25 个民用运输机场。该机场位于中国最西端，是新疆第一座高高原机场。机场标高 3258.4 米，跑道长 3800 米，是新疆海拔最高、跑道长度最长的民用运输机场。

塔什库尔干塔吉克自治县分别与塔吉克斯坦、阿富汗、巴基斯坦 3 国相连，享有"高原明珠"的美誉，有着神奇的自然风光和丰富的旅游资源。比如，位于该县的慕什塔格峰，高达 7564 米，被称为"冰山之父"；中国著名的电影《冰山上的来客》曾在这里取景拍摄，电影主题曲《花儿为什么这样红》在中国也是家喻户晓。比如，塔吉克族的鹰舞被列入第一批国家级非物质文化遗产名录。

随着红其拉甫机场的正式通航，各方游客也将纷至沓来。过去，从乌鲁木齐到塔

什库尔干塔吉克自治县，需要乘飞机达到喀什，用时近 2 个小时，然后从喀什乘车，用时 5 至 6 个小时才能到达，现在从乌鲁木齐乘坐飞机只需要 2 个半小时就可以直达。可见，该机场的建成通航，显著提升了区域交通运输水平，不仅有利于各族旅客乘机出行，而且能够促进区域经济社会全面协调可持续发展，助力乡村振兴和旅游业发展。

徐贵相：

下面，请记者朋友就关心的问题继续进行交流。

问

澳亚卫视：

美国 2023 财年国防授权法案中包含涉疆内容，请问您对此有何评论？同时，阿拉伯国家多次在联合国人权理事会、联大会议等多边场合对新疆表示支持，请问您对此有何评论？

答

徐贵相：

关于第一个问题，2022 年 12 月 24 日，美国总统拜登签署"2023 财年国防授权法案"。我们认为，该法案包含大量涉华消极条款，罔顾事实渲染"中国威胁"，肆意干涉中国内政，攻击抹黑新疆人权状况，为增加军费、维持霸权寻找借口。这样的法案只不过是美国粗暴干涉他国内政的政治工具，严重违背了国际法和国际关系基本准则，是赤裸裸的霸权主义。美国凭借着自己的经济实力，挥舞着美元的大棒，在涉疆人权问题上耀武扬威，根本就不是为了新疆各族人民的人权，而是打着人权的幌子，粗暴干涉新疆事务，肆意侵犯新疆的人权，严重损害新疆各族人民的根本利益。美国既然有这样的经济实力，就应该致力于改善本国人民的人权状况，别让那些穷人流落街头，别让印第安人无家可归，别让弗洛伊德们不能呼吸，这才是人间正道。

关于第二个问题，事实上，近年来，包括阿拉伯国家在内的近百个国家多次在联合国人权理事会、联合国大会第三委员会等国际场合公开发声，支持中国治疆政策，反对借涉疆问题干涉中国内政。特别是今年 9 月份，在联合国人权理事会多数成员特别是广大发展中国家的强烈反对下，人权理事会第 51 届会议拒绝了美国等国家提交的涉疆决定草案，这充分反映了国际社会人心向背。我们对各有关国家的正义之举表示尊敬和赞赏。这也充分说明，得道多助、失道寡助，正义的力量是不可战胜的。

徐贵相：

如果没有其他问题，本场新闻发布会到此结束。谢谢大家。

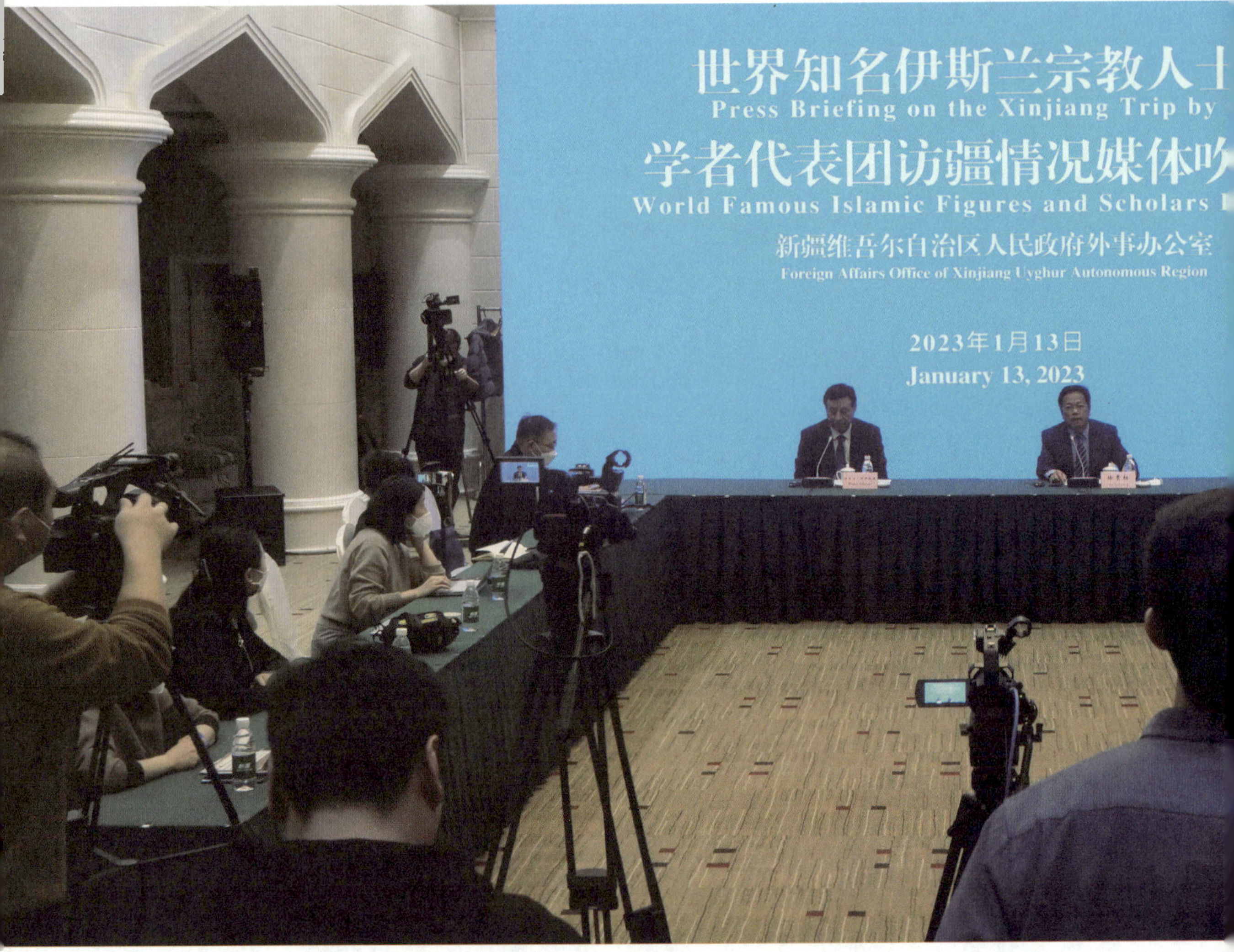
世界知名伊斯兰宗教人
Press Briefing on the Xinjiang Trip by
学者代表团访疆情况媒体吹
World Famous Islamic Figures and Scholars
新疆维吾尔自治区人民政府外事办公室
Foreign Affairs Office of Xinjiang Uyghur Autonomous Region
2023年1月13日
January 13, 2023

nuary 13,
23
徐贵相
Xu Guixiang

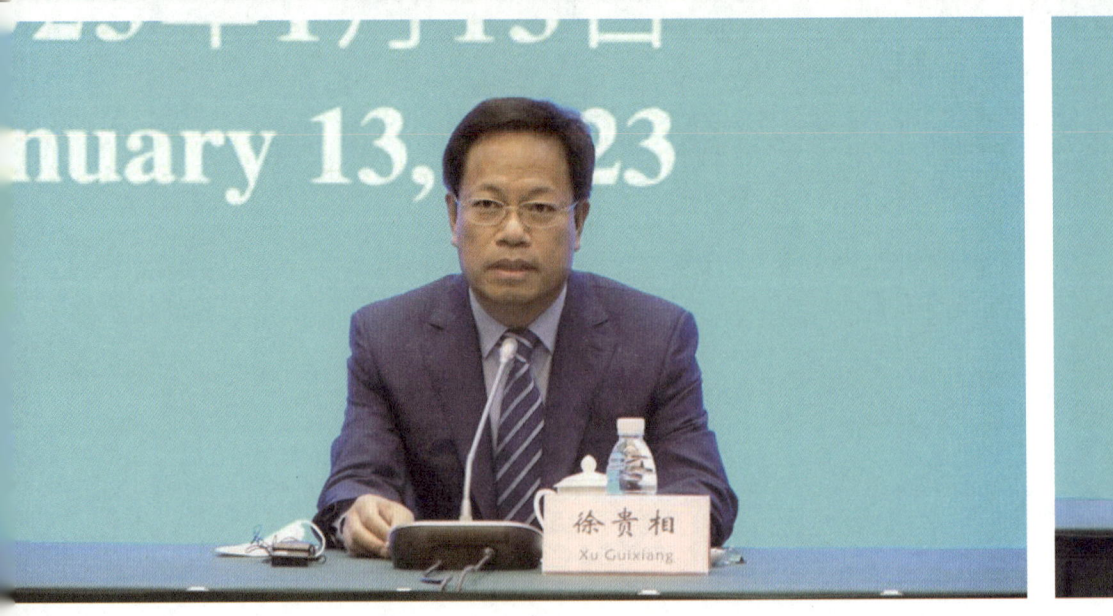

世界知名伊斯兰宗教人士和学者代表团访疆情况媒体吹风会实录

2023年1月13日，新疆维吾尔自治区在北京举行世界知名伊斯兰宗教人士和学者代表团访疆情况媒体吹风会暨新疆维吾尔自治区第82场涉疆问题新闻发布会。

徐贵相：

各位媒体记者朋友、各位线上嘉宾：

大家好！欢迎参加世界知名伊斯兰宗教人士和学者代表团访疆情况媒体吹风会。我是新疆维吾尔自治区人民政府新闻发言人徐贵相，旁边这位是新疆维吾尔自治区人民政府另一位新闻发言人伊力江·阿那依提先生。今天的吹风会，由我们两位向大家介绍有关情况。我们将从以下9个方面进行介绍。

徐贵相：

一、关于代表团组成及主要活动

经新疆维吾尔自治区人民政府邀请，世界知名伊斯兰宗教人士和学者代表团于今年1月8日至11日来新疆参访。代表团以世界穆斯林社区理事会主席阿里·拉希德·努埃米为团长，成员来自阿联酋、沙特阿拉伯、埃及、叙利亚、巴林、波黑、突尼斯、塞尔维亚、南苏丹、毛里塔尼亚、印度尼西亚、科威特、约旦、阿曼14个国家，都是世界知名伊斯兰宗教人士和学者，共36人。代表团先后在乌鲁木齐、阿勒泰、喀什三地参访。

在乌鲁木齐，代表团主要参访了新疆的反恐和去极端化斗争主题展、新疆维吾尔自治区博物馆、乌鲁木齐市洋行清真寺、新疆伊斯兰教经学院（老校址、新校址）、乌鲁木齐国际陆港区。

在阿勒泰，代表团主要参访了将军山滑雪场、五百里风情街，拜访了阿勒泰市拉斯特乡哈萨克族老工匠斯兰别克·沙和什，并现场观看新疆维吾尔自治区非物质文化遗产——毛皮滑雪板制作展示。

在喀什，代表团主要参访了喀什市老城区保护综合治理纪念馆、喀什古城、喀什艾提尕尔清真寺、喀什技师学院。

下面，请大家观看视频，了解整体情况。

1月9日，自治区党委书记马兴瑞、自治区主席艾尔肯·吐尼亚孜在乌鲁木齐会见了来新疆参访的世界知名伊斯兰宗教人士和学者代表团一行。自治区人大常委会主任肖开提·依明、自治区政协主席努尔兰·阿不都满金、自治区党委副书记张春林等参加会见。马兴瑞代表自治区党委和政府对代表团一行的到来表示热烈欢迎，并介绍了中国新疆改革发展稳定、宗教健康发展、依法保障人权等情况。

代表团团长、世界穆斯林社区理事会主席阿里·拉希德·努埃米高度赞赏中国新疆在反恐和去极端化、整体性消除贫困等方面取得的巨大成就。沙特阿拉伯教育部前部长阿卜杜拉·萨利赫·欧拜德、埃及总统宗教事务顾问奥萨马·埃勒萨叶德·穆罕默德·萨阿德、塞尔维亚穆夫提杜迪奇·毛卢德发言交流。

下面，请大家观看视频。

徐贵相：

二、关于参访新疆反恐和去极端化斗争展的情况

代表团在乌鲁木齐参观了"新疆的反恐和去极端化斗争主题展"。过去一段时期，新疆深受民族分裂势力、宗教极端势力、暴力恐怖势力"三股势力"的叠加影响，恐怖袭击事件频繁发生。据不完全统计，自1990年至2016年底，"三股势力"在新疆等地共制造了数千起暴力恐怖案件，造成大量无辜群众被害，数百名公安民警殉职。面对恐怖主义、极端主义的现实威胁，新疆采取果断措施，依法开展反恐怖主义和去极端化斗争，有效遏制了暴力恐怖活动多发频发势头。至今，新疆已经连续6年多未发生暴力恐怖案（事）件，实现了各族人民对平安稳定的盼望。"新疆的反恐和去极端化斗争主题展"以大量图片、视频和实物，真实记录了这段历史。

代表团成员们认为，中国新疆在反恐和去极端化方面所取得的成效非常显著，新疆反恐、去极端化斗争是在法治框架下采取的成功政策，实现了各民族和平相处、社会和谐安宁，其做法与经验对各国有效打击恐怖主义都具有借鉴意义。

下面，请大家观看3段视频，分别为：代表团团长阿里·拉希德·努埃米、沙特教育部前部长阿布都拉·萨利赫·欧拜德、埃及总统宗教事务顾问奥萨马·埃勒萨叶德·穆罕默德·萨阿德等代表团成员接受采访的情况。

伊力江·阿那依提：

三、关于参访新疆宗教场所的情况

代表团参观了乌鲁木齐市洋行清真寺、新疆伊斯兰教经学院新旧院址、喀什艾提尕尔清真寺。

下面，请大家观看这3个宗教场所的视频，了解有关背景情况。

代表团参访以后认为，新疆全面贯彻国家的宗教信仰自由政策，依法保护了正常宗教活动，持续改善了宗教活动场所条件，注重伊斯兰教人才培养，积极促进宗教和顺、社会和谐、民族和睦。

下面，请大家观看 4 段视频，分别是：波黑前穆夫提穆斯塔法·塞利奇，突尼斯总理顾问、最高伊斯兰委员会秘书长梅斯塔伊·穆罕默德·斯拉赫丁，印度尼西亚潘卡西拉意识形态发展局指导委员会委员阿卜都拉·穆罕默德·阿敏，阿联酋世界穆斯林社区理事会秘书长穆罕默德·贝查利的参访视频。

在参访新疆伊斯兰教经学院期间，代表团与新疆伊斯兰宗教人士进行了座谈交流。座谈会上，新疆伊斯兰教宗教人士代表介绍了伊斯兰教在新疆健康有序传承的情况。代表团成员对中国新疆培养教职人员、改善宗教活动场所环境、保障信教群众日常需求的各项举措表示赞赏，对中国新疆落实宗教信仰自由政策表示高度认可。

下面，请大家观看代表团与新疆伊斯兰宗教人士进行座谈交流的视频。

徐贵相：

四、关于参访新疆文化遗产保护情况

代表团参观访问了新疆维吾尔自治区博物馆、喀什老城区保护综合治理纪念馆等，观看了维吾尔木卡姆艺术表演，参观了喀什古城，走访了阿勒泰市拉斯特乡哈萨克族老工匠斯兰别克·沙和什等，充分体验和感受到了新疆少数民族文化传承保护和发展的情况。

新疆维吾尔自治区博物馆位于乌鲁木齐市西北路，是新疆最大的兼具文物和标本收藏保护、科学研究和宣传教育功能的综合性博物馆。2022 年 5 月 18 日，博物馆二期场馆建成使用。

维吾尔木卡姆，是流传于中国新疆各个维吾尔人聚居区的各种木卡姆艺术的总称，是集歌、舞、乐于一体的大型综合艺术形式。在维吾尔人的特定文化语境中，木卡姆已经成为包容文学、音乐、舞蹈、说唱、戏剧乃至民族认同、宗教信仰等各种艺术成分和文化意义的词语。

下面，请大家观看一段喀什古城改造的视频。

代表团参访后认为：新疆各民族都对中华文化的形成和发展作出了贡献，各民族文化都是中华文化不可分割的组成部分；新疆高度重视少数民族优秀传统文化的传承保护和发展，各民族在文化上相互尊重、相互欣赏、相互学习、相互借鉴，值得全世界各国学习。

下面，请观看 4 段视频，分别是：代表团团长阿里·拉希德·努埃米，毛里塔尼亚作家、学者巴赫·阿布达拉·赛伊德，科威特作家、媒体人穆罕默德·穆拉，约旦巴德尔大学伊斯兰学教授萨法尔提·贾马勒·朱玛·苏莱曼的参访视频。

下面，请观看代表团走访阿勒泰市拉斯特乡哈萨克族老工匠斯兰别克·沙和什的视频。

徐贵相：

五、关于参访新疆国际交流合作情况

代表团参观访问了乌鲁木齐国际陆港区，实时察看了中欧班列各功能区和新疆各大口岸现场作业情况。

乌鲁木齐国际陆港区规划建设面积 67 平方公里，位于乌鲁木齐经济技术开发区，拥有中欧（中亚）班列西通道最后一个编组站，是我国西出通道中距离中亚、西亚、欧洲最近的铁路枢纽，目前已成为新疆"丝绸之路经济带核心区"建设的标志性工程。

下面，请大家观看视频，了解有关乌鲁木齐国际陆港区的情况。

代表团参访后认为，新疆在中国"一带一路"倡议下大有作为，这几年新疆加快推进丝绸之路经济带核心区建设，所取得的成就令人瞩目，新疆对外开放所取得的成果让人感到钦佩，希望今后能深化和加强伊斯兰国家与中国新疆在经济、科技、文化等领域的交流合作。

下面，请观看 2 段视频，分别是：1 月 9 日代表团参观乌鲁木齐国际陆港区的视频、1 月 9 日阿联酋联邦国家委员会委员萨拉·穆罕默德·法拉克纳兹在乌鲁木齐国际陆港区接受采访的视频。

伊力江·阿那依提：

六、关于新疆冬季冰雪旅游情况

代表团赴阿勒泰市实地感受了新疆独特的冬季冰雪旅游发展热潮。他们大部分人都是第一次亲身体验到冬季冰雪和滑雪运动，认为阿勒泰不负"中国雪都"盛名，新疆的冰雪令人惊叹，冰雪资源丰富独特，各族民众都在充分享受冰雪运动的无限乐趣。

下面，请观看视频，分别是南苏丹伊斯兰理事会主席阔特·阿卜都拉·巴拉格、阿联酋法特瓦理事沙玛·尤素夫·穆罕默德·达赫里的参访视频。

伊力江·阿那依提：

七、关于参访喀什技师学院的情况

代表团参访了喀什技师学院，了解了新疆开展职业技术培训情况。

下面，请大家观看视频，了解一下喀什技师学院。

代表团参访后表示，给公民提供就业培训服务，是每个政府的义务和责任，也是新疆实现全面脱贫的重要一环。中国政府通过不懈努力，让各族青年人都成为新疆团结、融合、发展的一分子。

伊力江·阿那依提：

八、关于新疆的脱贫攻坚情况

代表团在喀什与新疆乡村振兴部门及部分地区代表举行了座谈会，就脱贫攻坚进行交流。他们认为，新疆成功攻克了深度贫困堡垒，打赢了精准脱贫攻坚战，绝对贫困问题得到历史性解决，这是中国特色社会主义制度优越性的生动体现，也是中国社会制度的巨大优势。他们为新疆各族人民过上幸福安宁的新生活感到无比高兴。

下面，请观看 1 段视频，是代表团在喀什与乡村振兴部门举行的乡村振兴主题座谈交流会视频。

徐贵相：

九、关于代表团团长接受媒体集体采访情况

1 月 11 日，在访疆结束之际，代表团团长世界穆斯林社区理事会主席阿里·拉希德·努埃米先生在驻地宾馆接受了媒体的专访，集中概括了代表团访疆情况和成果，对有关涉疆问题发表了看法。

下面，请观看媒体记者集体采访阿里先生的视频。

徐贵相：

接下来，请澳亚卫视记者现场提问。

问

澳亚卫视：

疫情防控政策已经全面调整，现在春节即将到来，请问新疆方面在民俗旅游、冰雪旅游发展方面作了哪些准备？游客如果此时去新疆，都能感受到哪些特色的旅游项目和活动？

答

徐贵相：

根据国务院联防联控机制《关于印发对新型冠状病毒感染实施"乙类乙管"总体方案的通知》，新疆维吾尔自治区疫情防控政策自 1 月 8 日进行了调整，目前已经开放了 4 个口岸，来自国内外的游客都可以来大美新疆，感受冰天雪地的童话美景。目前，新疆 84 个滑雪场已经全部面向国内外游客开放。乌鲁木齐丝绸之路国际滑雪场、南山滑雪场，阿勒泰将军山滑雪场，可可托海国际滑雪场等一批优质的滑雪场，正在欢迎大家来新疆体验速度与激情的高山滑雪，感受欢乐的冰上项目。新疆除了良好的冰雪资源禀赋之外，还有浓郁的民族风情、奇特的冰雪景区、温泉和绿色有机食品，它们共同组成"冰雪运动＋冰雪观光＋民俗体验＋特色街区＋温泉水疗"等复合多元冰雪旅游产品。欢迎大家来游玩！

徐贵相：

今天的吹风会就到这里，希望大家积极运用代表团访疆成果，把一个真实的新疆介绍给全世界。